# 丛书编委会

大家精要
典藏版丛书

简—读

# 郭嵩焘

州长治　著

陕西师范大学出版总社　西安

图书代号　SK24N1847

**图书在版编目(CIP)数据**

简读郭嵩焘 / 州长治著 . — 西安：陕西师范大学
出版总社有限公司，2024.10
　　（大家精要：典藏版 / 郭齐勇，周晓亮主编）
　　ISBN 978-7-5695-4204-2

　　Ⅰ . ①简… 　Ⅱ . ①州… 　Ⅲ . ①郭嵩焘（1818—1891）
—人物研究 　Ⅳ . ① K827=52

中国国家版本馆 CIP 数据核字（2024）第 026833 号

# 简读郭嵩焘
JIAN DU GUO SONGTAO

州长治　著

| | |
|---|---|
| 出 版 人 | 刘东风 |
| 策划编辑 | 刘　定　陈柳冬雪 |
| 责任编辑 | 刘　定 |
| 责任校对 | 陈柳冬雪 |
| 封面设计 | 龚心宇　张潇伊 |
| 出版发行 | 陕西师范大学出版总社 |
| | （西安市长安南路 199 号　邮编 710062） |
| 网　　址 | http://www.snupg.com |
| 印　　刷 | 深圳市福圣印刷有限公司 |
| 开　　本 | 889 mm×1194 mm　1/32 |
| 印　　张 | 6.625 |
| 插　　页 | 4 |
| 字　　数 | 115 千 |
| 版　　次 | 2024 年 10 月第 1 版 |
| 印　　次 | 2024 年 10 月第 1 次印刷 |
| 书　　号 | ISBN 978-7-5695-4204-2 |
| 定　　价 | 49.00 元 |

读者购书、书店添货或发现印装质量问题，请与本公司营销部联系、调换。
电话：（029）85307864　85303629　　　传真：（029）85303879

# 目录

# 引　子

傲慢疏慵不失真，惟余老态托传神。

流芳百代千龄后，定识人间有此人。


世人欲杀定为才，迂拙频遭反噬来。

学问半通官半显，一生怀抱几曾开。


　　这是郭嵩焘晚年写的一首总结自己一生的小诗。诗中讲了自己的人品、思想、学识，对一生进行了概括。其中的第三、第四句说历史总有一天会记起他郭嵩焘，最能引起我们的关注。

　　那么，郭嵩焘是怎样的一个人呢？

# 第1章

## 生　平

　　郭嵩焘生活在嘉庆、道光、咸丰、同治、光绪五朝。身处清帝国末世，赶上太平天国起义引起的空前危机和西方强国入侵造成的"几千年未有之变局"，作为清廷重要官员，他思维锐敏，敢为天下先，成为我国最早一批思想启蒙者中的佼佼者。他是国家派往西方的第一位常驻公使，成为代表中华民族走向世界的先行者。

　　"世人欲杀定为才。"对传统的突破是一件非常不容易的事。新的思想和观念的产生会受到社会主流思想的顽固阻杀。郭嵩焘孤傲独行，与传统思想抗争，深感势单力薄，一直有一种被扼杀、遭覆灭之感，一生很难开怀。但郭嵩焘相信历史的进步，相信终有一天，人们会记起他，理解和接受他的思想和学说。

由于历史上的种种原因，相当一段时间内，人们对他的思想知之甚少，就连郭嵩焘这个名字，恐怕除近代史研究圈子里少数人外，知道的也是不多的。即使知道，或许也会由于他曾是中国有史以来第一位驻外公使，而认定他仅是一位外交人物。

这是历史的遗憾。

下面，我们从郭嵩焘的生平、事迹和思想三个方面对他加以介绍，希望让更多的人，特别是年轻人认识他、了解他。

郭嵩焘生于嘉庆二十三年，也就是1818年。第一次鸦片战争爆发时，他二十二岁。洪秀全领导太平天国起义时，他三十二岁。第二次鸦片战争爆发时，他三十八岁。他的一生，就是围绕两件事展开的：一、与太平军作战，为清廷挽救危局；二、认识洋情，并与洋人周旋，应对变局。特别是在应对变局中，他展示了丰富多彩的人生，最终确定了启蒙思想家的地位。

郭嵩焘出生在湖南省湘阴县的农村，祖上都是读书人。家里靠收取地租维持生活。父辈给他设计的人生轨迹是读书明理、读书做官。

郭嵩焘的亲祖父排行老六，父亲叫郭家彪，排行老二。

因郭嵩焘的二祖父郭世遵没有儿子，郭嵩焘的父亲郭家彪便被过继给了郭世遵。

郭家彪所继承的，自然就是郭世遵的产业。在郭嵩焘的爷爷辈时，郭家的日子过得相当好，"岁租数百担"。

但是，道光十一年（1831）以后，郭家开始败落，原因是连年大雨，郭家的田地都在洞庭湖边上，地势低洼，发生涝灾。收成全无，租子自然也就无法收取。所以，有若干年的光景，郭家的生活处于艰难的境地。

郭嵩焘五岁时，他有了一个弟弟郭崑焘。九岁时，又有了一个弟弟郭崙焘。承担郭嵩焘启蒙教育的，是他的父亲。他父亲是一位秀才。郭嵩焘十一岁时进了私塾，教他的是一位李先生。郭嵩焘十四岁时，师从伯父郭家瑞。

## 科 举 之 途

道光十五年（1835），郭嵩焘进入本县的仰高书院，并开始了他的仕途生涯。这一年，他十八岁，考中生员，随后，又考中秀才。次年，他进入省城的岳麓书院，目的是为了达到科举的下一个目标——中举。终天道酬勤，道光十七年，他二十岁时中了举。

中举的当年十月，他去京城，准备参加下一年的会试，憧憬着迈上读书人科举的最后一个阶梯，考取进士。次年发榜时，郭嵩焘发现自己名落孙山。

道光十九年，郭嵩焘又北上入京准备第二年的会试。但考试结果，郭嵩焘再次落第。此后，他屡考不中，一直到道光二十七年，才殿试通过，得中进士，在科举途上奔波了十二年，已经二十九岁。

## 结 交 朋 友

郭嵩焘在读书和科举的过程中，结交了许多朋友，其中大多后来成了那个时代赫赫有名的大人物，像曾国藩、曾国荃、左宗棠、李鸿章、胡林翼、刘蓉、罗泽南、江忠源、沈桂芬、沈葆桢等。就是这些人，组成了未来湘军领导集团的班底，成为清廷的栋梁。

这些人中，郭嵩焘结识最早的是左宗棠。他们是同乡，在仰高书院读书时是同学，关系自不一般。

在岳麓书院读书时，郭嵩焘与刘蓉是同学，结成了莫逆之交。

也是在岳麓书院读书时，郭嵩焘与曾国藩相识。曾国藩是岳麓书院的学生，两年前已经毕业，参加了两次殿试，均不中，于道光十六年过长沙，经刘蓉介绍，郭嵩焘与曾国藩相识。

在道光十七年参加乡试时，郭嵩焘与江忠源相识，他们是同榜举人。道光二十四年，郭嵩焘把江忠源介绍给曾国藩。

道光二十五年郭嵩焘在京应会试，由曾国藩介绍他与李鸿章相识。

同年，郭嵩焘进京应试不中，回长沙时结识了罗泽南。当时，罗泽南在家乡收徒讲学，郭嵩焘通过结识罗泽南，还结识了他的众多学生，如后来成为湘军重要将领的李续宜、李续宾、王鑫等。

郭嵩焘认识胡林翼是通过左宗棠。左宗棠科举不中，在原两江总督陶澍家教书。陶澍的女婿是胡林翼，左宗棠又介绍郭嵩焘与胡林翼相识。

道光二十七年（1847），郭嵩焘进京应试，同中进士的有沈桂芬、沈葆桢，他们因此相识。

这些人中，除李鸿章、沈桂芬、沈葆桢外，都是湖南人。


## 立 志 高 远

郭嵩焘自幼受到励志教育，幼年就胸怀大志。有一个故事说，一日天气很热，伯父与几位朋友在院里纳凉，见郭嵩焘仍默坐在书斋中用功，伯父便对朋友们说："龄儿遇事恂恂，独其读书为文，若猛兽鸷鸟之发，后来之英，无及此者。虽少，然观其志意，无几微让人，岂徒欲为诸生之雄哉？"龄儿是郭嵩焘的小名。这个故事说明，在家长的眼里，郭嵩焘自幼就是与众不同的。

所谓人以群分。郭嵩焘自己如此，他结交的朋友刘蓉、曾国藩兄弟等人，个个如此。

郭嵩焘与这些人交往，一般是在一起切磋学问，议论时事，游山玩水，陶冶性情。遇事则彼此提携帮助。谁有了喜事，大家一起祝贺；有了不幸，则给予安慰，朋友思想和行动出了偏差，还要提醒、规劝。这是当时读书人交友的常例。只是，郭嵩焘与刘蓉、曾国藩这些人交往，更崇尚学问、忧心国事，大家齐心协力，誓为国家干出一番大事业来。

在太平天国起义之前，刘蓉的父亲曾对曾国藩的弟弟曾国荃讲："天下之乱已兆，无有能堪此者。其吾涤生乎？君与湘阴郭君及吾家阿蓉，皆中兴之资也。"涤生就是曾国藩。刘蓉的父亲预感到天下将大乱，而在他的眼里，曾国藩兄弟、郭嵩焘、刘蓉等，必是力挽狂澜的柱石。

从父辈的赞扬中，我们看到，他们的异处凸显这样的内涵："中兴之资"。

这种"中兴之资"的潜质，是一直在他们身上的。这从他们交往中经常谈论的话题中可以看得清清楚楚。

道光十六年，郭嵩焘、刘蓉在岳麓书院第一次见到曾国藩。曾国藩会试落第，出游江南，路过长沙，经刘蓉介绍与郭嵩焘相识。这次他们在一起待了差不多两个月。次年，曾国藩去浏阳考察古乐，再次路过长沙，郭嵩焘、刘蓉与曾国藩又有一个月聚谈的好日子。三十年后，刘蓉在给郭嵩焘的一封信中记述了他们两次相聚，说他三人"雅志相期，孤芳自赏"。这说明，当时郭、刘、曾三个人，年轻气盛，傲视流俗，并立志高远。

关于他们在长沙聚谈的内容，郭嵩焘自己的记述更加明白，说他和曾国藩、刘蓉等在长沙晤谈，"晓然知有名节之说，薄视人世功名富贵，而求所以自立"。他总结说："数十年出处进退，以及辞受取与，一皆准之以义，未尝稍自贬损，于人世议论毁誉，一无所动于其心。"严酷的现实使这些胸怀大志的读书人决心出处进退和辞受取与，统统以一个"义"字为准则，不计个人贬损，一心自强。

道光二十年（1840），第一次鸦片战争爆发。这些"晓然知有名节之说，薄视人世功名富贵，而求所以自立"的年轻人，对这次事变作出了自己的反应。郭嵩焘去了浙江，以探究竟，第一次受到了战争——与洋人之间的一次重要战争的洗礼，尽管当时郭嵩焘对洋人的认识水平还是不高的。

有没有志向，对人生的意义是重大的。有志向未必有实现抱负的机遇。但机遇一定会钟爱和眷顾那些有志向的人。

## 崭 露 头 角

古人曾有"立德、立功、立言三不朽"之训。当初，郭嵩焘和他的朋友们要"三不朽"，走的是当时读书人只能走的那条读书、科举的老路。问题是，走那条路，未必能够达到自己预期的目的。郭嵩焘和他的朋友们都很聪明，学业很精。但聪明、学业精，未必能够科考得中。即使考中了，也未必能够有官做。没有官做，治国平天下，一切都是空话。

实际情况是，郭嵩焘本人在科举的路上奔波十二年才得中进士，而考得了进士并没有被授官。他的朋友中，还有几个人屡考不中，被迫放弃。只有曾国藩一人得了个侍郎。这预示着，如果走原来的老路，郭嵩焘和他的朋友们，只会有个别人，顶多是少数几个人得以如愿，那样，想以一己之单薄之力，或几个朋友的合力来干一番大事业，是不可能的。

但是，一件事情的出现，给这些人提供了机遇，使他们彻底改变了自己的人生轨迹，不是个别人，也不是少数人，而是差不多悉数得到重用，去实现自己为报效朝廷，建功立业的人生理想。

这件事就是太平天国起义。

太平天国起义始于道光三十年（1850）。洪秀全在当年十月于广西桂平县金田村树起反清大旗。他领导的太平军先占永安，后攻下全州，乘胜进入湖南，进军长沙，围攻不下，转入湖北。太平军于咸丰四年（1854）攻克武汉，随后沿江而下，攻克南京，改南京为天京，并在天京建都，随后西征、北伐，打遍了大半个中国。

太平天国的兴起，激发了全国各地的反清暴动。这些暴动，壮大了太平军反清声势，使清廷处于四面楚歌的环境之中，同时分散了清军的力量，形成大大有利于太平军的军事态势。

太平军起义，清廷仓促应战，且由于将领腐败无能，军纪败坏，清军各路人马在太平军的凶猛进攻面前纷纷败阵。太平军攻克武汉三镇，引起清朝方面的巨大震动。清廷对太平军的动向捉摸不定，防不胜防，大清国败势凸显。

在这样的背景下，郭嵩焘和他的朋友们纷纷投笔从戎。

郭嵩焘和刘蓉随同曾国藩到长沙组织团练，建立起了后来的湘军。他的第一个官职——编修，也是由于在江西与江忠源并肩作战有功而得的。此后，他屡屡建功，最后成为封疆大吏，成为清廷派往国外的首任公使。刘蓉同样是由于与太平军作战得以升迁——咸丰十一年便代理四川布政使，最后成为陕西巡抚。

# 三 起 三 落

## 一起一落

郭嵩焘从与太平军作战开始，先在江西江忠源处得编修之职，后在曾国藩幕府中做幕僚。他的才能和在军中所起的作用受到朝廷的关注，遂被调入京城。开初，郭嵩焘被安置在翰林院，依然为编修。

郭嵩焘进京，并不是由曾国藩等湘军集团的人所推荐。他与刘蓉到曾国藩那里，二人已经约定，并向曾国藩讲明，一不要曾国藩开薪酬，二不要曾国藩保荐。曾国藩正在用人之际，也绝对不会主动放他。

他的入京推荐人是陈孚恩。当时，陈孚恩是兵部尚书。郭嵩焘和陈孚恩在咸丰三年相识。那时，郭嵩焘与江忠源一起被太平军围困在南昌。陈孚恩正丁忧在家，与郭嵩焘"同居围城两月有余，朝夕会议，相待至为优渥"。

陈孚恩推荐郭嵩焘进京，又与时任户部尚书的肃顺有关。肃顺，爱新觉罗氏，是满洲镶蓝旗人，敢于任事，被看成是咸丰帝的股肱之臣。肃顺主张重用汉人，湘军崛起，肃顺十分看重。或许肃顺让郭嵩焘进京，正是看重郭嵩焘在湘军中的地位，尤其是看重他与曾国藩等人的特殊关系。

陈孚恩和肃顺把郭嵩焘弄进京来，其本意并不是要郭嵩焘进翰林院，而是要他进南书房。因为进入南书房，必须是翰林院的翰林，故有此安排。

南书房原本是康熙帝读书的上书房，康熙十六年（1677），选翰林等官入宫当值，这些人被称为"南书房行走"。当初，那些在此供职的官员除按照康熙的吩咐撰写辞章外，还负责起草诏令。于是，南书房一度成为发布政令的所在。到咸丰帝时，这里成了一个咨询机构，皇帝随时可以就某事找其中的供职者垂询。所以，"南书房行走"既可看成一个闲差，又可称为"天子近臣"。

郭嵩焘进京供职翰林院是咸丰七年（1857）十二月十八日。半年多之后，他接到了应试南书房的通知。

在这之前，郭嵩焘已经通过陈孚恩与肃顺相识，并很快受到了肃顺的宠爱，成为"肃府六子"中的一个。

当时，南书房的最高领导是翁心存，职务上称"南书房师傅"。由他出面保举郭嵩焘入南书房。所谓保举，就是"提名"，能不能进入南书房，还要经过种种考试。

郭嵩焘并没有考好。试题是"拟唐王勃《九成宫东台山池赋》",作五言八韵。郭嵩焘的古文底子很是深厚,诗文辞赋,许多篇他能够倒背如流。但碰巧王勃的《九成宫东山池赋》他背不下来。这样,要求照《九成宫东台山池赋》作赋,他自然砸锅。

考后,能不能进入南书房,得有皇上"钦定"。郭嵩焘虽没有被录取,但还是见到了咸丰帝。这表明,肃顺、陈孚恩等人的良苦用心。

咸丰帝知道郭嵩焘在湘军和太平军作战中所起的重要作用,决定再见他一次。咸丰八年十二月初三,也就是第一次召见四个月之后,咸丰帝第二次召见了郭嵩焘。

咸丰帝见郭嵩焘后说:"文章小技,能与不能,无足轻重。"随后,君臣二人的谈话进入实质。咸丰帝问郭嵩焘:"汝看天下大局,宜如何办理?"这样的问题,现成的答案就装在郭嵩焘的脑子里。他回答说:"天下大局,督抚与将帅并重。已失之城池,责将帅收复;未失之土地,责督抚保全,大局始有转机。"咸丰帝又问:"究竟从何处下手?"郭嵩焘答道:"据臣愚见,仍当以讲求吏治为本。"

咸丰帝没有明白郭嵩焘的话的全部意思,时局究竟如何的问题一直让他放不下,所以回过头来,又提起旧的话题。而且令郭嵩焘想不到的是,咸丰帝对于第二次见面的他,竟然问了一句让他感到心惊肉跳的话："汝看天下大局，尚有转机否？"

这句话换一种说法就是："你看咱们大清江山还有没有救？"这可是一个天大的问题。郭嵩焘是一个思想敏锐的人，他不可能体味不到问话的分量，也不可能认识不到皇上向他提出这样的问题的极不寻常。

实际上，当时的形势让咸丰帝不得不提这样的问题。两年前的夏天，太平军已控制了上自武汉下至镇江的长江一线，拥有江西、安徽之大部和湖北、江苏之一部。那年七月，太平天国发生"天京事变"。内讧迭起，大大消耗了自己的力量，清廷抓住机会，调动各个战场的力量向太平军发动猛攻，太平军连连失利。但似乎天不绝"天国"，太平军渐渐缓过劲来，尤其是洪秀全起用年轻的将领李秀成和陈玉成，太平军的颓势很快得到扭转。就在召见郭嵩焘的当年六月，李秀成和陈玉成约集太平军各地守将在安徽枞阳会合商讨军务，会上，"各誓一心，订约会战"，制订了下一步作战方案。七月，陈玉成率部再克庐州，随后挥师东进。八月与李秀成部在滁州乌衣镇会师，大败德兴阿所率之江北大营军和胜保的骑兵，又在江浦境内击溃江南大营的援军。接着，两师合军直下浦口，攻破江北大营。两师乘胜连克江浦、六合、天长、扬州。清军江北大营经此打击，一蹶不振，被迫撤销。九月，太平军主力与湘军战于安庆。接着，湘军大败于三河镇。三河之战，对湘军打击极大，使其元气尽伤，四年纠合之精锐，覆于一旦。

这是召见郭嵩焘前夕与太平军作战的形势。太平军是不是不可战胜？大清国是不是气数已尽？这都是咸丰的心病。

还有更严重的问题，就是如何对付洋人。当时，第二次鸦片战争正在进行之中，英法军队已经打到京城的大门口，事态究竟向什么方向发展，咸丰帝心中无数。与洋人较量，咸丰帝的父亲道光皇帝吃了大亏。咸丰帝不会不记得，由于与夷人签订了屈辱条约，割地赔款，父亲临终前曾有遗旨，不要把自己的名字列入太庙。现在，洋人气势更盛，自己会不会步父亲的后尘？这不容咸丰帝不犯嘀咕。

郭嵩焘并不像咸丰帝那样悲观。他认为有湘军在，太平军就成不了气候。至于对付洋人的问题，他觉得，如果照他的主意去办，也没有什么了不起。就是在这样的心态下，郭嵩焘应对了咸丰帝的问话。

郭嵩焘不愧为文章里手，他没有直接回答问题，而是先把问题拉开去，说："皇上，天也。皇上之心，即天心所见端。"并说："皇上诚能遇事认真，挽回天意，天心亦即随皇上为转移。"咸丰帝遂问："如何便能转移？"

郭嵩焘又回到"认真"上，道："不过'认真'两字。

认真得一分，便有一分效验。"随后，郭嵩焘把问题与湘军挂上了钩，说："湖南、北所以较优，亦由抚臣骆秉章、胡林翼事事认真，吏治、军务两事，都有几分结实可靠。一省督抚办事能认真，便也能转移一省大局。"

讲了这些，咸丰帝还觉得郭嵩焘"尚有不能形之笔墨"的话要讲，要他畅所欲言。郭嵩焘确实有更多的话要讲。

年轻时，他和他的朋友们就对现实不满。他和刘蓉、曾国藩多次指点时弊，意气风发。他们常谈的是"吏治不廉、贿赂公行、民业日荒、奸民日众"。认为这种状况不作改变，国将不国。到京城之后，郭嵩焘的不满情绪有增无减。当时，在南方，与太平军的作战异常紧张。在北方，英法联军正向大沽、天津开来。而北京的官绅却对此无动于衷，依然醉生梦死。官府、名馆，灯红酒绿，所谓"前方吃紧，后方紧吃"。与此相对，百姓生活在水深火热之中，"百物翔贵，米薪蔬菜，以及日用必需之物"，"皆增价十倍"，民不聊生。问题是，这些现象就摆在皇帝面前，为什么皇帝浑然不知呢？

郭嵩焘认为这主要是上下相隔。他决定抓住这个机会，向咸丰帝讲一讲这个问题。他对咸丰帝说："天下之患，在上下否隔。"他进而说："今日总当以通下情为第一义。王大臣去百姓太远，事事隔绝，于民情军情委屈不能尽知，如何处分得恰当？事事要考求一个实际，方有把握，故以通下情为急。"随后，他又谈到选拔人才的问题，说即如人才，岂是能一见即定他为将才、为名臣，亦多是朝廷立定一个主意鞭策之。人人晓得朝廷志向，自然跟着这一路来，久之积成风气，便觉气象光昌。故总需是朝廷立个榜样才好。

这次应对很是成功，咸丰帝让郭嵩焘进入了南书房。

召见之后，郭嵩焘感到言犹未尽，随即赶写了一奏折递了上去。奏折中，郭嵩焘大胆指出了造成清廷官场不求实际、欺上瞒下恶劣风气的根本原因：权力过于集中。

对郭嵩焘的建议，咸丰帝没有理睬。此后，郭嵩焘被派往大沽，与僧格林沁一起筹办海防。

去之前，咸丰帝特别告诉郭嵩焘，此一去，郭嵩焘与僧格林沁是"平行，不是随行效用"，并提醒郭嵩焘这一点："不要认错"，"汝有所知，尽可书言无隐，不需存顾畏之意"。郭嵩焘有些呆气，以为这样真的可以和僧格林沁平起平坐了。定下去大沽的事不久，郭嵩焘去火器营参加例会。去得早，别人还没有到，僧王府就在附近，郭嵩焘便转到僧王府，要进去见见僧格林沁。想不到，通报进去后，漫说僧格林沁出来迎接了，就连门都不屑让郭嵩焘进，派了一位跟班来见，把郭嵩焘气得要死。回到火器营，散会后，别人不知道他吃了闭门羹，又邀他同去僧王府，他答道，没有什么事，"可无往，幸转达此意"，自己扬长而去。

咸丰九年正月底，郭嵩焘前往天津。这期间，郭嵩焘再次体验到了僧格林沁的冷落。僧格林沁自己先行，郭嵩焘一个人被丢在了后面。我们从他当日的日记中看到了他的狼狈相："至通州东关。夜久矣，觅得一破屋住宿，就市买炊饼二枚食之。"

僧格林沁对郭嵩焘的冷落，不但源于僧格林沁的高傲，还在于两个人政见的分歧。僧格林沁是主战派，总是鼓吹与洋人决战。而郭嵩焘反对"蛮战"，主张"战无了局"。郭嵩焘又不是知道退让的主儿，对他的意见僧格林沁听不进，郭嵩焘却连连上书达十七次之多。作为领军的将领，特别是高傲的僧格林沁，最烦的就是这种与自己唱反调的人。如此我们可以想见，郭嵩焘的所作所为将会带来怎样的后果了。

当郭嵩焘加紧宣传"战无了局"之时，咸丰九年（1859）五月，英法联军在大沽吃了败仗，僧格林沁领导的中国军队大获全胜。胜利后，僧格林沁大概是故意捉弄人，他不派别人，而是让郭嵩焘带着他的报喜奏折进京面见咸丰帝。

郭嵩焘接受这个任务有他自己的打算。他要借面见咸丰帝的机会，继续阐述他"战无了局"的思想，以便让咸丰帝对时局有一个较为清醒的认识。当年六月二十四日，郭嵩焘见到了咸丰帝。他向咸丰帝全面讲述了他对时局的看法，特别指出，对夷务当循理而行，局面绝非一战可了。这时的咸丰帝自然越发听不进去。

这之后，郭嵩焘接受了一项新差事——鲁东巡查。这是咸丰九年九月的事。郭嵩焘接到朝命，前往山东查办贸易税事，完成山东前任巡抚崇恩试办烟台海口抽厘遗留的不实不尽的问题。这是肃顺向咸丰帝提出的建议，实际上是让郭嵩焘借在南方为湘军筹饷的经验，为在山东给国家筹集军饷作准备，也是有意让郭嵩焘躲开僧格林沁。

当时，郭嵩焘还在大沽，朝命由僧格林沁派员协助郭嵩焘办理。为此，僧格林沁派的是李湘棻。

郭嵩焘接旨后自天津直接赴山东。李湘棻并没有跟郭嵩焘同时出发，而是拖在了后头，迟迟没有上路。

郭嵩焘虽然没有钦差大臣的头衔，但实际做的是钦差的工作，所以沿途受到各地的隆重欢迎。他的行进路线是盐山、滨州、潍县、莱州、招远、黄县、登州、福山、烟台、威海、荣成、文登、即墨、青岛、信阳、日照、诸城、丘安、青州、济南，最后从济南返回。

一路之上，郭嵩焘做了以下三方面的工作：一、查账，发现问题，解决问题。二、调查，了解各地税收状况，总结经验，填补漏洞，增加税收；同时，记录在案，带回研究，以便制订新的规则。三、设立税收机构，规定税收章程。

郭嵩焘一路发现山东沿海各县税收弊端百出，贪污受贿的现象普遍严重。

　　烟台地区是郭嵩焘勘查的重点。在这里，他发现了许许多多的严重问题，同时也找到了国家的进钱之道。他看到此处"海船收泊避风最便，故烟台一口，遂为商船之所辐射"，认为如果章程得法，这里实在是一个进钱的好地方。这样，他与地方官商定新的章程，在烟台周边设"八大口"，附近设"小口"，均由当地政府派员经理。这样算下来，每年可得税银二百余万两。十月十五日，新的厘局开张，由蓬莱太守张健封和郭嵩焘同年进士萧铭卣总司局事。想不到的是，这给郭嵩焘的山东之行埋下了祸根。

　　十一月十三日，当郭嵩焘到达安丘时，李湘棻赶了过来，两个人话不投机。而最让郭嵩焘感到震惊的是，烟台那边出现了严重事故。

　　原来，郭嵩焘用人不当，郭嵩焘离开之后，被收入烟台厘局的绅董额外加税，以致商民怨声载道，激而生变，主持厘局的萧铭卣被殴致死。

　　出了这样的事，李湘棻便写信向僧格林沁报告，僧格林沁将此事上奏朝廷，说郭嵩焘没有同李湘棻商量，自己擅自做主开办了厘局，最后闹出了乱子。十二月初七便有圣旨下来，"著将郭嵩焘交部议处"。

郭嵩焘用时几个月，将费心了解到的情况写成七大本记录，"各海口情形一一具载"，本希望朝廷借此订立新的章程，增加税收，这下，白白费了心思！

郭嵩焘接到"交部议处"的通知后悲愤回京。回到北京的第二天，他即获得咸丰帝的召见。一见面，咸丰帝问他烟台闹事的时候他在哪里，郭嵩焘从这问话中看出皇帝有为他开脱之意，自然由此看到皇帝的宽宥。但是，郭嵩焘需要的却不是施舍，而是清白。他的牛劲儿上来了，遂把事情的原委向咸丰帝详述一遍，并且要求将所定条规、告示等誊写一份让咸丰帝御览。咸丰帝让他次日一早到军机处去陈述。

这时，陈孚恩出面劝郭嵩焘就此罢休，指出如若力争，非但于人无益，反而于己有损，多辩反而招来新的是非。郭嵩焘不听劝阻，回来连夜赶写文件。

他的努力果然没有效果。圣旨传下来：翰林院编修郭嵩焘着降二级调用，以资惩戒！

实际上郭嵩焘并未受到过大的冲击，诏命仍留南书房。他依然受到了恩宠。咸丰十一年二月二十二日，郭嵩焘还奉旨为圆明园中的"天地一家春"写了一张直幅。

回南书房之后，郭嵩焘还做了一件不能不提的事，这就是拯救左宗棠。

咸丰帝第三次召见郭嵩焘时，曾谈到左宗棠。咸丰帝问郭嵩焘与左宗棠有没有书信来往，得到肯定的回答后，咸丰帝遂说："汝寄左宗棠书，可以吾意谕知，当出为我办事。左宗棠所以不肯出，系何缘故? 想系功名心淡……"

郭嵩焘以为咸丰帝还不知道左宗棠已经出山，正在湖南骆秉章那里公干。于是，他作了解释，说：左宗棠自度秉性刚直，不能与世合，所以不肯出来。后来到了骆秉章那里，两个人性情契合，彼此已经不能相离了。咸丰帝又问：左宗棠的才干究竟何如? 郭嵩焘给左宗棠说了好话：左宗棠才大，"无不了之事"，人品尤为端正，所以人皆服他。咸丰帝问完左宗棠的岁数后说：再过两年五十岁，就精力不济了。趁还强健的时候，应该出来办事，"莫自己糟蹋"。咸丰帝遂对郭嵩焘说：你要劝劝他。

这时郭嵩焘才弄明白，咸丰帝是要左宗棠到皇上身边来。

原来，三年前，御史宗稷辰曾经荐举左宗棠"不求荣利，迹甚微而功甚伟，若使独当一面，必不下于胡林翼诸人"。咸丰帝看了奏折后，命湖南巡抚骆秉章出具切实考语送部，而后召见左宗棠。当时，骆秉章离不开左宗棠，上了一个奏折，说："该员有志观光，俟湖南军务告竣，遇会试之年再行给咨送部引见。"留左宗棠是骆秉章真实的思想，而"遇会试之年再行……"只是一句托词，这却给咸丰帝一个错觉，以为左宗棠自己不愿意走这样的路子，而非走科考的路子不可。

郭嵩焘与骆秉章关系不错，不能把骆秉章装进去，需要给他一个开脱，同时要为左宗棠打圆场，于是说道："臣也一直劝他。他只觉自己性情太刚，难与时合……在南亦是办军务。现在广西、贵州两省防剿，筹兵筹饷，多系左宗棠之力。"

咸丰帝还忘不了"遇会试之年再行……"那个茬儿，说道："他何必以科名为重！文章报国，建功立业，孰多孰少，孰重孰轻？既有这样的才干，总应该出来办事才好。"

这里有责怪的意思了，郭嵩焘连忙说："左宗棠为人豪杰，每论及天下事，感激奋发。皇上天恩如果用他，他断无不出之理。"

事后，郭嵩焘把皇上的意思及时告诉了左宗棠。但由于种种原因，左宗棠并没有到京中来。

随后不久，一则大祸向左宗棠袭来。左宗棠自恃能力超群，身为幕僚，却越俎代庖，常代骆秉章理事，骆秉章的巡抚几同虚设，实权操于左宗棠之手。骆秉章的将官对左宗棠敬畏有加，但也有不买账的。有一天，永州总兵樊燮谒见骆秉章议事，向骆秉章行跪拜大礼，对左宗棠仅作了一揖。左宗棠当即责怪樊燮失礼，樊燮反唇相讥，左宗棠大怒，竟然给了樊燮一记耳光，事后又借故以骆秉章名义将樊燮革职。樊燮气愤之极，赶到京城上告都察院。湖广总督官文对左宗棠揽权早有不满，遂乘机上奏严劾。官文的奏折受到咸丰帝的重视，又加几次召左宗棠进京，左宗棠都没有来，咸丰帝一时失去了耐心，并生杀意，遂下令密查，如左宗棠果有不法之事，即可就地正法。

这事肃顺自然知道，他一向维护湘系，于是，有意解救左宗棠，便让这事传到了郭嵩焘的耳朵里。郭嵩焘知道后大惊，急忙向肃顺求救。肃顺回答说："必俟内外臣工有疏保荐，余方能启齿。"郭嵩焘自己不好直接出面，便向南书房同事潘祖荫陈请说："左君去，湖南无与支持，必至倾覆，东南大局，不复可问。"潘祖荫被说动了，即上奏咸丰帝，为左宗棠说好话，讲左宗棠对湖南的诸多贡献，并有"国家不可一日无湖南"，"湖南不可一日无宗棠"之语。咸丰帝阅奏颇感踌躇，这时肃顺出面，说左宗棠"人才难得，自当爱惜"。当时，曾国藩、胡林翼等大员也有保奏，肃顺遂建议咸丰帝将曾、胡等保荐奏折密寄官文，令其酌处。咸丰帝听了肃顺的话回心转意，便照肃顺的建议下旨。官文得到密旨，知道朝廷不但不杀，反有重用左宗棠之意，遂改变主意，另行复奏。这样，左宗棠化险为夷。此后，左宗棠离开骆秉章，进入曾国藩幕中，更是如鱼得水。

且说郭嵩焘回到南书房，表面上没有什么异常，但他的内心却如潮涌。他原本是要干事的。山东之行几乎将他这种愿望彻底摧毁。回想从八年前打太平天国出山到现在，自己一心思强、毫无保留地付出了一切，现在却连遭陷害，真真令人痛心。从山东回来不久，他见到了僧格林沁。郭嵩焘心里明白，他的山东之败，败就败在这位王爷的手里。见了面，郭嵩焘满以为这位王爷会有尴尬之态，谁知，僧格林沁却满面春风，并对郭嵩焘"慰藉再三"。最令郭嵩焘不能容忍的是，这位可敬的王爷竟然撒起谎来，说："可惜此一行，费力而无济于事。李湘菜掣肘如此，何以无一书见示？使早告我，撤回李湘菜，岂不大佳？"郭嵩焘还听说，他回来之后，僧格林沁又上了一个折子，说郭嵩焘曾在福山"取银二千，不知做何使用"。这种施放暗箭、含沙射影的手段，令郭嵩焘气愤至极，也感到可悲至极，感到这种"构患无已，直欲以'莫须有'三字被之"的手段，"可为三叹"！他悲愤之际致信曾国藩说："小臣官虽微，固钦使也，僧邸下檄府县，搜求阴事，辱小臣乎？辱国而已矣！"

郭嵩焘已经心灰意冷。出来做官是为了干事，事既然如此干不成，还待在这个官位上干什么！他上交了辞呈。辞呈最后被批准。咸丰十年四月十二日，他离京返回湖南老家。

这是他仕途的一起一落。

## 二起二落

回到家，郭嵩焘原本激动的心情应该渐渐平静下来。但实际情况是，国家相继出现的重大事变，无论如何不能再让郭嵩焘的心绪平静。他还在路上，英法联军已逼近北京，咸丰帝以"木兰秋狝"为名，从圆明园出奔热河。随后是圆明园被焚，《北京条约》签订。次年七月，咸丰帝在承德晏驾，随后发生辛酉政变，太后临朝，垂帘听政，肃顺被诛，陈孚恩也被发配边疆……

政变发生之后，尽管有人上奏主张"查办党援"，矛头直指湘军集团。但慈禧皇太后和议政王奕䜣把"查办"限制在了一个很小的范围之内，对湘军集团不但不动，反而愈加重用了。政变当月，朝廷即命曾国藩统辖江苏、安徽、江西、浙江四省军务，所有四省巡抚、提督以下文武各官都归他节制，并要曾国藩保荐封疆将帅人选。两个月后，曾国藩又被加以太子少保衔，并授协办大学士。此后，由曾国藩举荐的李续宜、沈葆桢、李鸿章、左宗棠分任安徽、江西、江苏、浙江巡抚。

在这样的大背景下，郭嵩焘重新出山。

咸丰十一年（1861）冬，李鸿章奉曾国藩命在安徽募兵。次年，也就是同治元年春，李鸿章仿照湘军营制，编成了一支六千人的淮军。四月初，李鸿章奉命率淮军援上海，被授江苏巡抚一职。李鸿章到上海后，深感"独立无助"，于是想起了郭嵩焘。

大环境变了，接到李鸿章的邀请函，郭嵩焘决定出山。当年四月十八日，皇帝诏命郭嵩焘为苏松粮道。

当时曾国藩是两江总督。曾国藩与郭嵩焘是儿女亲家，按照当时官场规矩，郭嵩焘任苏松粮道是不合适的。为此，曾国藩特命李鸿章上奏，说"沪中急需得人，暂不回避"，请朝廷特批，最后获准。

郭嵩焘于同治元年闰八月到上海正式上任。同治二年三月，由浙江巡抚左宗棠建议并得到朝廷批准，郭嵩焘兼督松浙盐务。当月，郭嵩焘又兼任两淮盐运使。六月，郭嵩焘出任广东巡抚，成为封疆大吏。

郭嵩焘一向"未尝敢以第二流人才自处"，这次出任巡抚，很想干出一番大事业来，以抒平生之志。同治二年九月十一日郭嵩焘抵广州正式接任。

当时，湘军与太平军处于决战阶段。广东暂无作战任务，当务之急是给在江浙一带作战的湘军筹饷。为此，郭嵩焘抵达广州的第三天，就发出了劝捐令。

天京被攻陷后，太平军将领汪海洋率部退入广东境内，广东的形势发生了重大变化：从为湘军筹集军饷，到直接与太平军作战。奉旨率军进入广东境内与太平军作战的是时任闽浙总督的左宗棠。

工作并没有难住郭嵩焘，而内部的摩擦却断送了他的"政治生命"。

本来，到广东巡抚任后，郭嵩焘怀着"不敢做二流人才"的心态，以满腔的热情投入政务，要干出一番事业来。他确实也创出了令人称道的政绩。但是，他远远低估了自己所处环境的恶劣。

郭嵩焘在广东任上曾先后与毛鸿宾、瑞麟两名总督共事。督抚同城本身就是制造矛盾的一种体制。加毛鸿宾和瑞麟既无能又专横，而郭嵩焘不但疾恶如仇，且对无能之辈也不原谅。这样，矛盾不可避免。

郭嵩焘与毛鸿宾的矛盾从"署名"之争开始。郭嵩焘上任伊始，接到清廷的"剿匪"令。毛鸿宾让郭嵩焘拟一稿回奏，但不让郭嵩焘署名。郭嵩焘据理力争，说这样的奏章理应督抚联名。毛鸿宾回答说广东历来只由总督具名。郭嵩焘专门查了广东督抚奏事的案卷，见历来上奏都是督抚联衔。郭嵩焘因此对毛鸿宾十分不满。

同治三年年初，郭嵩焘的几个朋友到了广州，他们火上浇油，使郭、毛矛盾更为加剧。这闹得曾国藩不得不出面调停。最后，郭、毛二人矛盾以毛鸿宾在湖南巡抚任内失察藩司事发被革职而作罢。

　　瑞麟署两广总督后，督抚之间矛盾又起。瑞麟是满族贵族，原是广州将军，为人"颇黩货卖官，治军尤畏葸"，是一个贪而昏的官吏。这样一个人郭嵩焘自然瞧不起，而瑞麟对郭嵩焘也严加防范，一开始二人关系就很紧张。对于政务、军务二人意见多不符。瑞麟虽是昏庸之辈，但来历不凡，他与慈禧皇太后同出叶赫那拉氏，历任太常寺少卿、内阁学士、礼部、户部侍郎等职。辛酉政变后，恭亲王奕䜣主政，全国八个总督陆续换为汉人，瑞麟是两个未动的总督中的一个，足见其根底之深。瑞麟凭仗后台硬，为官有恃无恐。换一个人，对他一定唯唯诺诺，小心侍奉，郭嵩焘却不管那么多。相反，瑞麟越是摆架子，郭嵩焘越是不给他好脸色。一次，某官恭请瑞麟赴宴，郭嵩焘往陪。"主客皆蟒服"，唯郭嵩焘一人穿便服赴了宴。总督名义上是巡抚的上级，如此隆重场合，这岂不是成心给瑞麟难堪？这还不算完，席间，郭嵩焘"自笑山野之性，漫无考究"。公开评论上司，是很忌讳的事，可郭嵩焘对议论瑞麟却毫不避讳。瑞麟处理洋务很不在行，有"一见洋人，倒地便拜"的传言。对此，郭嵩焘公开挖苦之。有一次，郭嵩焘对幕友说："瑞澄泉（瑞麟号）执属员之礼以事洋人，诸君且揣其意云何？"众莫能对。郭嵩焘接着说："是岂以国家艰难，屈礼夷人以求欢耶？澄泉亦知据此为言，而意殊不尔。不过求借重夷人向恭王前一保之，使多任数年两广总督耳。"众人听罢大笑。瑞麟在广州任职多年，有众多的耳目，郭嵩焘如此这般，哪能不传到瑞麟的耳朵里？郭嵩焘最后去职，必与两人的关系有关。

而让郭嵩焘丢官起最终作用的，还是左宗棠对他的参劾。

郭嵩焘与左宗棠的关系我们前面介绍过。两个人的关系原是不错的，郭嵩焘的五女儿嫁给了左宗棠的侄子，两人成了儿女亲家。但就是这样，到了广东，两个人闹翻。郭嵩焘任广东巡抚时，左宗棠已官至闽浙总督。左宗棠自视甚高，向以"今亮"（今日诸葛孔明）自诩，对曾国藩都没瞧在眼里，何况郭嵩焘这样的"书呆"。郭嵩焘又恰恰最崇拜曾国藩，这越发加深了两个人的隔阂。相传，两个人开始闹别扭前不久，湘阴文庙长出一棵灵芝，郭嵩焘的弟弟致书郭嵩焘，说文庙产灵芝，是象征郭家吉祥之意。这话传到左宗棠耳朵里，左宗棠大为不快，说"湘阴果有祥瑞，亦为吾封爵故，何预郭家事乎"！

这是同治五年（1866）发生的事。他们的龃龉起于此后不久。当年七月，湘军攻陷天京，太平军余部退往赣、闽、粤边境。太平军余部以汪海洋部力量最强。该部先在福建驻扎，被左宗棠赶入广东。广东军事败坏不可言状，军队作战能力极差，根本抵挡不住太平军，故而需要湘军进入广东"剿灭"。左宗棠主张由鲍超的"霆军"入粤。可"霆军"纪律极差，郭嵩焘心知肚明，因此，便没有同意，而是奏请朝廷让李鸿章麾下的郭松林部入粤"进剿"。这使左宗棠大为恼火，遂向朝廷上折，维持原意。清廷批准了左宗棠的建议。这又使郭嵩焘甚为不快。不久，粤军与霆军在广东打了胜仗，瑞麟上奏冒功，受到朝廷训斥，郭嵩焘受到了连累。

同治四年八月，清廷命左宗棠赴广东督师，闽、粤、赣三省"会剿"各军均归其节制。对于郭嵩焘，有"认真协同作战"的训令，并有"如敢再玩忽职守，即著左宗棠从严参办"等警告。

朝廷诏下，左宗棠奏请收回成命。奏折中，斥责粤军"会剿"不力，说"若得治军之才如李鸿章、蒋益澧其人，祸乱庶有豸乎"？这实际上是说瑞麟、郭嵩焘不胜任督抚之职。此为左宗棠对郭嵩焘的第一次参弹。

半个月后，左宗棠再次上疏，弹劾广东督抚谎报军情，奏中说郭嵩焘"勤恳笃实，廉谨有余，而应变之略，非其所长。臣曾以圣明在上，遇事宜慷慨直陈相劝，而郭嵩焘复函，以时艰同值，宜委曲以期共济，颇以臣悍悍直为非。兹因粤事贻误已深，忧惧交集，始侃侃直陈，而已无及矣"。

这是左宗棠对郭嵩焘的第二次参弹。

时左宗棠准备进军广东，给郭嵩焘写信，要这要那。郭嵩焘连遭左宗棠弹劾，加上与瑞麟诸多不和，正在闹着开缺离职，没有理左宗棠。随后，左宗棠致书郭嵩焘，严词相责，并第三次参弹郭嵩焘，并说"兵饷兼筹，任大责重，非明干开济之才，不能胜任。浙江布政使蒋益澧才气无双，识略高臣数等。若蒙天恩，调令赴粤督办军务兼筹军饷，于粤东目前时局，必有所济"。再次为蒋益澧取代郭嵩焘开路。

又过了一个月，即同治五年正月，左宗棠第四次参弹郭嵩焘。奏折说广东督抚"明于小计，暗于大谋"。

按说，像左宗棠这样的大员一再地参劾，朝廷都没有动郭嵩焘，这已经是够给郭嵩焘留面子了。清廷多次下旨批评郭嵩焘，意思是使双方降温，一方面提醒郭嵩焘收敛，另一方面让左宗棠消气，但双方都我行我素。最后，清廷再也没有回旋余地，只好下旨将郭嵩焘解职。

郭嵩焘于同治五年四月接到解职上谕。解职不是革职，在这之前，还因剿匪有功，赏了二品顶戴。清廷命他到京另候简用。

朝廷让郭嵩焘"到京另候简用"，实际上郭嵩焘并没有直接去京城，而是回到老家，听候调遣。

同治六年正月，清廷让他去任两淮盐运使。这实际上是降职处分。郭嵩焘原本并没有想退隐，这样一来，他认为是"徒迫我以终隐而已"，遂称病请假，后来干脆称病辞却。清廷批准，郭嵩焘过上了隐居生活。

这是郭嵩焘仕途的二起二落。

## 三起三落

广东的这段经历，特别是与左宗棠的矛盾，对郭嵩焘刺激极大，回到家乡后的心情自然不好。恰好他的老友刘蓉从陕西巡抚的任上退下来，回到了家乡。正值国家多难，他们遂成难兄难弟，相见之下，"追谈往事，意者不自适者"，并"微多愤疾"，这是我们能够想得到的。他们想尽情地玩一玩，要在欣赏湖光山色之中忘却烦恼。于是，"泛舟涉洞庭，登君山，游眺竟日"……或许，这能够使他们"宠辱皆忘"？

隐居生活开始。郭嵩焘每天会客、著书、种菜、植茶、养鱼，有时则到近处的寺中去找西枝、东枝、月令等和尚，谈佛论经……

郭嵩焘也尽可能地为本省本地做一些事情。同治八年三月到次年十一月，他主持长沙城南书院。一年之中，他发现、培养了若干有用之才。其中的张百熙为同治十三年进士，曾督广东学政，戊戌变法时因奏荐过康有为，被革职留任。后重被起用，历任工部、礼部、吏部尚书，派充管学大臣，主持京师大学堂。另一位瞿鸿祺为同治十年进士，历任工部尚书、军机大臣、政务大臣、内阁协办大学士等职。

郭嵩焘还发起或参与了《湘阴县图志》《湖南通志》的编撰工作。

做这些事，一定程度上弥补了他那空虚的心，使内心变得充实了许多。但是，国家满目疮痍，诸多的政策失误，让他心里屡起波澜。雪上加霜，他的家庭又连遭不幸。他回乡的第二年，大女儿病亡。又过了一年，孙女夭折。再过一年，郭嵩焘的长子刚基病死，年仅二十一岁。刚基死时郭嵩焘五十二岁，老年丧子，而且丧的是爱子，悲痛可想而知。这还并不算完。儿子刚刚过世一个月，郭嵩焘的八女儿又因病死亡。而三个月后，他的妻子邹氏也撒手人寰。邹氏是十四年前被纳为妾的，当时他的夫人陈氏有病，无法抚养孩子，而儿子刚基刚刚七岁，另外还有两个女儿，一个四岁，一个一岁。这些孩子都是由邹氏抚养的。四年前陈夫人病逝，郭嵩焘即视邹氏如正室。回籍后，郭嵩焘不顾舆论，把邹氏扶正，两人相爱更笃。儿子死后，只有邹氏是郭嵩焘的一点安慰。邹氏有病，还天天拄着拐杖陪郭嵩焘散步、散心，劝慰郭嵩焘。造化弄人，偏偏是郭嵩焘需要什么，就失去什么。邹氏这样一位贤妻良母也病逝了，给郭嵩焘带来的创痛，绝对不亚于失去儿子。

两年后，郭嵩焘的创痛才稍稍缓解，可他的五女婿，也就是左宗棠的侄子又病亡。不久，郭嵩焘最小的儿子也夭亡了。

几年之内，一家病亡数口，这对郭嵩焘是怎样的打击！

令郭嵩焘悲痛动容的还有两件事：一是同治十一年曾国藩在两江总督任上去世，一是次年刘蓉病逝。他们是几十年的老朋友，可谓生死之交，失去他们，又是对郭嵩焘的沉重打击。

在这样的背景下，一纸上谕来到了他的身边。同治十三年六月二十五日，郭嵩焘收到诏命，要他与杨岳斌、曾国荃、丁日昌、蒋益澧等到京觐见。

这次宣诏的背景是日本进犯台湾，朝廷需要重新起用一批懂洋务的人才和将才。郭嵩焘对这次诏用抱有希望，于是他应召入京。

他闲居期间是在长沙度过的。当年十月二十二日从长沙启程北上。北上途中，路经湘阴，郭嵩焘便在家乡停留数日。临行前，县令冒小山对郭嵩焘说："大人心地开爽无城府，然世路崎岖，人心叵测，一切愿求慎重。"听了这话，郭嵩焘顿生"悚然"之感，日记中他曾写了这样的话："生平愚直，未敢以猜防之心待人，又意求利人，不为人害，凡语言有损于人者，不敢轻出也。自问无取恶之道，而所在抵牾，则由语言激切之故。冒君此言，深中隐微，当书绅以志之。"

郭嵩焘路过湖北，拜访了湖北巡抚、老朋友、李鸿章的哥哥李瀚章。过南京，特意去莫愁湖曾国藩祠堂吊唁，以至于大恸，"不能自已"。当时李鸿章任直隶总督，郭嵩焘这次入京，与李鸿章的推荐有关，到达天津时，免不了要见李鸿章。

被召入京的，多是郭嵩焘的老相识，有的是很要好的朋友。到达北京后，郭嵩焘先与曾国荃会合，同住法源寺。曾国荃先于郭嵩焘到京，特备酒为郭嵩焘接风。同时奉诏入京的蒋益澧，是郭嵩焘的老相识、广东时的同事，入京后即病逝，郭嵩焘没能见到他。

在京期间，郭嵩焘获得了慈安、慈禧皇太后的召见。

最后，被召入京的人，除死去的蒋益澧外都有了差事。只有郭嵩焘的官小，去福建做了福建按察使。尽管这与郭嵩焘预想的有出入，但他还是欣然接受了。一来，他和被任命为福建巡抚的丁日昌是好朋友，把他们两个人弄到一起，很合他的意。二来，郭嵩焘并不认为这项新的职务不重要。他知道，恭亲王奕䜣等正在筹划江南海防，调他和丁日昌去福建，实为量才使用。

只是，郭嵩焘去福建上任不久，便又调回了北京，他又有了新的差事。原来，光绪元年（1875）正月发生了"马嘉理案"，郭嵩焘被调回北京，在总理衙门听差，处理这一案件。马嘉理是英国驻华公使馆翻译，受英国公使馆指派，去云南接一批英国"探路队"由缅甸入境。马嘉理接人后，在云南境内与当地居民发生冲突，马嘉理等四名英国人被打死。这就是"马嘉理案"。

"马嘉理案"发生后，清政府称，案件是当地的土著居民为了抢劫外国人的财物而引起的。英国人则一口咬定，是云南地方官出于仇恨洋人而暗自组织的行动，而且把矛头直指云贵总督岑毓英。经过一年多的交涉，清廷与英方于光绪二年九月签订《烟台条约》，规定中国赔款白银二十万两，开放宜昌、芜湖、温州、北海四处为通商口岸等。与此同时，英方还提出，要清廷派出钦差大臣到英国去赔礼道歉。清廷考虑，既然要派使臣去赔礼道歉，不如干脆让使节留在那里常驻。最后，这个差事落在了郭嵩焘的头上。

外部世界强烈地吸引着郭嵩焘。他原本"激昂慷慨"，准备赴任。但事情公开后，发生了许多让郭嵩焘意想不到的事。他曾一时彷徨，但最后还是决定赴任。

公使常驻外国，这在我国是破天荒的第一次。他面临许多新情况、新问题，做的是创业垂统的事业。应该说，作为中国派往西方的第一任公使，郭嵩焘是既尽力又尽职的。既然是开创性的事业，必然伴随着成功和挫折。

郭嵩焘所遇到的困难是多方面的。第一，他的工作没有前例可循，一切都要靠自己开创；第二，处理事情没有可资参考的资料，一切都要自己动手准备；第三，来到英国可谓两眼一抹黑，情况极为生疏；第四，世情复杂，英国的伦敦，以及后来要去的法国巴黎，当时是国际政治的中心，世界大国使节云集，有敌有友，应对这种复杂的情况，需要广知博识和睿哲睿智；第五，古老的中国头一次走向世界，两种文明甚至多种文明的对撞不可避免；第六，郭嵩焘本人不懂外语，一切活动受制于人；第七，他老病在身，异地作业，自有其独特的难处。而实情证明，这些困难并没有难住这位年近花甲的老人，相反，新的环境、光荣的使命，倒激发了他的斗志，使他老当益壮，较好地履行了使命。而令他身心憔悴的，不是这些困难，而是人为造成的障碍和难以释却的心痛。

郭嵩焘离开京城前，总理衙门曾奏请皇上饬令出使大臣将对外交涉事件、各地风土人情、政治、经济等情况，详细记载，随时咨送国内。郭嵩焘按此要求，从上海启程之日起，不顾海上颠簸和种种病痛，坚持天天写日记。到达伦敦后，他把从光绪二年十月十七日从上海登船到十二月初八五十一天的日记整理成册，题为《使西纪程》，邮寄回国。

《使西纪程》主要记载：一，沿途地理方面的知识；二，特别重视迥然不同于中国的外部世界的种种特点；三，当时发生在外部世界的重大事件。他的日记饱含着对时局的深沉忧虑，表现了顽强的探索精神。

《使西纪程》起初受到总理衙门的肯定，把它刊印出来，供人们参阅。可这一来却招惹了祸害。有人说郭嵩焘日记中"极意夸饰，大率谓其法度严明，仁义兼至，富强未艾，寰海归心"，说"凡有血气者，无不切齿"，骂郭嵩焘"诚不知是何肺肝，而为之刻者又何心也"。还有的人无限上纲，攻击郭嵩焘"有二心于英国，欲中国臣事之"。

原本总理衙门对《使西纪程》的看法就不统一，现时，总理衙门领导成员、大学士李鸿藻也"大为不平，逢人诋毁"。最后的结果，是将《使西纪程》销毁。

风波并未因此而平息。翰林院侍讲张佩纶又上奏，要求朝廷将郭嵩焘撤职调回，但未准。

这些情况后来传到郭嵩焘的耳朵里，令他心寒不已。

最令郭嵩焘心寒并令他难以容忍的，是他的副手刘锡鸿跟他闹矛盾，以及总理衙门中一些人对刘锡鸿的袒护。

刘锡鸿是广东番禺人，字云生，举人出身。郭嵩焘任广东巡抚时，刘锡鸿是郭嵩焘的下属，二人结识。郭嵩焘认为刘锡鸿"亢直无私"，与自己性情相近。另外，在思想方面，特别是有关洋务问题的某些认识，刘锡鸿与郭嵩焘也有相近之处。这样，郭嵩焘便与刘锡鸿有了私交。郭嵩焘卸任前，还与两广总督瑞麟会衔保奏刘锡鸿。后来，刘锡鸿进京，任刑部员外郎。郭嵩焘出使的消息公布后，刘锡鸿托人谋求副使职位。郭嵩焘当初并没有答应，说刘锡鸿出洋有三不可：于洋务无考究，一不可；办洋务须化除意气，刘锡鸿矜张已甚，二不可；其生平好刚而不达事理，三不可。后刘托人一再讲情，郭嵩焘答应带刘锡鸿出国，但并没有让他充任副使。郭嵩焘报的副使是另外一个人。然而，等批文下来时，刘锡鸿却成了副使，这令郭嵩焘深感意外。此时的刘锡鸿因再三托人请任副使一职而被郭嵩焘拒绝，早已心怀不满。圣旨下达后，刘锡鸿立即变了面孔，第二天，便到郭嵩焘处责问，为什么只保荐他当参赞，言辞颇为激愤。郭嵩焘一向视刘锡鸿为自己提携的下属，并未介意。

到英国后，因总理衙门拟定的英国国书中没列副使名目，英国外交部不准刘锡鸿随郭嵩焘觐见女王。经郭嵩焘一再交涉，英方最后才同意。国书中没列刘锡鸿副使之名，责任不在郭嵩焘，但刘锡鸿移怨，增加了对郭嵩焘的不满。伦敦报纸刊登郭嵩焘、刘锡鸿二人肖像，并对二人加以介绍。介绍中多褒郭嵩焘，刘锡鸿因此又增怨情。

等真正接触实际工作时，刘锡鸿与郭嵩焘的思想之间便拉开了距离。郭嵩焘主张向西方学习，刘锡鸿却不以为然。郭嵩焘认为西方富强的重要原因之一是"重商"，中国应该借鉴。刘锡鸿又不以为然。郭嵩焘看到西方大力保护海外侨民利益，建议在各国设立领事，保护华侨。对此，刘锡鸿则明确表示反对，说华侨都是"无赖恶劣，不能谋生于乡里，然后逃之外洋"，设领事保护这些刁民，岂不是"无事转以生事"？

对刘锡鸿的这些表现，郭嵩焘很是失望。但就是这样一位刘锡鸿，却得到国内的重用，光绪三年（1877）二月，总理衙门一纸通知发到：任命刘锡鸿为驻德公使。这令郭嵩焘大吃一惊，开始觉得刘锡鸿此人大有来头。

随后，郭嵩焘收到李鸿章的来信，知道了刘锡鸿的"来头"——其后台是原在总理衙门中管事的军机大臣、大学士、被称为"清流"领袖的李鸿藻等。李鸿章说，李鸿藻虽然被调离了总理衙门，但新近调入的前湖南巡抚王某，在坚持顽固立场方面"恐较兰生（鸿藻）尤甚"，要郭嵩焘当心刘锡鸿。郭嵩焘也预感到不妙的事情将要发生。果不其然，光绪三年八月的一天，尚未赴德上任、刚从爱尔兰访问回来的刘锡鸿借口询问薪俸等事，与郭嵩焘大吵大闹，"大怒诟骂，拍案狂叫而去"。

实际上还有郭嵩焘想不到的事。当年的四月，刘锡鸿暗地里已经有了动作：他列举郭嵩焘"十大罪状"，报回国内，严词弹劾。刘锡鸿密奏的全文是：

> 查郭嵩焘自奉命使英后，悖谬之罪种种，如臣子忧国，或私居窃叹，或以艰危之状为君上言之，岂可普告敌人牖启其觊觎之志。而郭嵩焘辄向英人诋毁时政，谓中国将作印度，将被吞并于英、俄，臣耳所亲闻凡经数次。其罪一也。

> 云南之案，郭嵩焘辄以不杀巡抚岑毓英为恨，有必致诸死地之意。其所撰递国书诵词，亦有"该管巡抚照例亦应议处"之语，经黎庶昌婉词屡劝，乃始删去。其与威妥玛本夤缘结识，于召用入都，寓居南城延旺街地藏庵之日起，遂成至交，既到伦敦，尤相亲昵。乃上年正月十五日与臣及翻译官德明、洋人马格里皆到威妥玛寓所，忽相愤争如仇敌，郭嵩焘竟至厉声说及"中国非无人才，非无官力，不怕构兵"之语。威妥玛则谓当裂碎烟台条款，要杀岑毓英。臣从旁劝以全权大臣所定和约不应翻覆，为威妥玛言之，始获散出。登车后，郭嵩焘犹向马格里大詈"岑毓英是天下之父，一言要杀，便都庇护"等语，似有意挑剔。其罪二也。

尚左尚右为一朝制度之大者，出洋伊始，船抵新加坡，接见该处大酋，郭嵩焘竟改尚右。臣劝阻之，伊以古礼如此为答。臣谓圣人云当遵时王之制，郭嵩焘曰：我这便是时王之制。翻译随员多闻之。未审郭嵩焘所谓时王系指洋人，抑系自指。其罪三也。

镶黄正黄，皆御用旗色，而郭嵩焘谓是草木黄落，其色不佳，要将船上黄龙旗改用五色。经臣拦止，乃变其说为宜镶红帛，著之日记，以备他日考定。查一朝旗式定自开创之天子，郭嵩焘何人乃敢以考定为言，所谓他日系指何日？其罪四也。

副使之派，出自廷旨，而郭嵩焘自谓是其所派，至于奏折列入副使名则将钦差二字抹去，而于其参奏之参赞官张自牧等，则径称为参赞大臣，以咨文行之。事关谕旨，亦可予夺任情。其罪五也。

外洋相见之礼，以尊卑为等杀，而郭嵩焘之见同舟兵丁亦必起而垂手站立。其在伦敦，虽微末商伙，亦必与握手以为恭。上年五月，在美理驾（阿美利加）之巴西国王夫妇皆游于英，相遇于跳舞会，洋人皆止起立，郭嵩焘独趋至阶前，若站班然，国王仅一顾盼询问为谁。郭嵩焘又参其妇于正座，此妇仅端坐一点头而已。过示卑恭以求悦，不复顾念国体。其罪六也。

伦敦为各国会集之地，衣冠举动各从其俗，英人绝不强以相同。乃洋人多持伞，郭嵩焘则急于索伞；洋人不持扇，郭嵩焘则急于去扇；洋人听唱皆捧戏单，郭嵩焘不识洋字，亦捧戏单；洋人闻可喜之词，皆以指击案，郭嵩焘不谙洋语，亦效击案，甚至中国茗饮本为洋人所最好，郭嵩焘且改用银盘银罐盛糖酪以奉客。摹形肖色，务欲穷工，不以忘本为耻。上年七月初九日与臣同观于喀墩炮台，披服洋衣，顾盼自得。其罪七也。

初抵伦敦，郭嵩焘即锐意学声洋语。苦于不能，乃令其小妾效之，以四出应酬，并令入戏园，首先请客以开往来之端。中国闺教如此森严，不知郭嵩焘何所图利，乃汲汲然驱之以败坏。其罪八也。

公事本当公言，况在外国。而郭嵩焘与威妥玛接晤，始则副使不得与闻，继则华洋翻译官皆不令在侧，往往闭门密语，不知何所商谍。其罪九也。

以运使而署巡抚，以臬使而擢侍郎，国家之所以待郭嵩焘者，可谓逾格。乃犹心怀怏怏，动辄怨

望。上年四月初一日来臣寓室，谓各国遣使皆仅编

修部曹为之，独伊以侍郎充当。又谓凡劾伊者皆立

见升擢，言之切齿深恨。其罪十也。

刘锡鸿确实很厉害。所列郭嵩焘的罪名中，有几项是可以掉脑袋的。如第一项、第四项、第五项、第九项。这几项"罪名"有的是捕风捉影，有的是借题发挥。

关于第一罪，即所谓郭嵩焘向英国人"诋毁时政"，实际情况是郭嵩焘对国家面临的现实甚为不满，忧国忧民之心往往溢于言表，而且从不避讳。他不止一次听外国人讲这方面的问题。大多数情况下，他能够做到内外有别，听后暗中表示"喟然""甚愧"，自己并不表态。但有的时候他心血来潮，就跟外国人一起大讲一通，特别是他判定对方是出于好意的时候。至于说"中国将作印度，或被吞并于英俄"这些话，刘锡鸿说他曾亲自听郭嵩焘说过数次，那也许是真的。郭嵩焘一向无防人之心，对刘锡鸿也从无戒备，这回吃了苦头。

关于第四罪，即所谓旗帜的事，实际情况是郭嵩焘赴英途中，将所见各国国旗、商旗式样记入日记。他发现，中国国旗是三角形的，而各国国旗多为长方形。中国的旗子是黄色。他了解到，当时在船上，船头竖立黄旗是有危重病人的信号，以期过往船只上的医生前来抢救。郭嵩焘感到中国

国旗"太为失考",希望"存此以备他日考定旗式之一助"。想不到,这件事却被刘锡鸿抓住了。

关于第五罪,即所谓抹去副使钦差二字,确有其事。这只能说郭嵩焘没把刘锡鸿放在眼里,由此推论,说郭嵩焘有意篡改圣旨,那就是别有用心了。

关于第九罪,威妥玛任英国驻华公使,在中国时,郭嵩焘就曾多次与他打交道。郭嵩焘出使英国,威妥玛正好回国休假,后又在英国治病,许多事情英国政府通过威妥玛找郭嵩焘,郭嵩焘也有许多事情向威妥玛请教,两个人接触很多。接触多了,难免有些内外不分,但由此推说郭嵩焘里通外国,那纯属一种中伤。

由于刘锡鸿这些中伤,国内向郭嵩焘下了调令,让他提前回国。对驻外工作人员来说,下令提前召回本身就是一种处分。另外,令人感到奇怪的是,调郭嵩焘回国,却让刘锡鸿留在驻德公使的任上,只是由于李鸿章的干预,才把刘锡鸿同时调回。这也大大刺激了郭嵩焘。

接替郭嵩焘职务的是曾纪泽。曾纪泽受命后曾被慈安、慈禧皇太后召见。他是曾国藩的儿子,被召见时,为郭嵩焘说了好话,慈禧皇太后曾有"上头知道郭嵩焘是好人"的评语。

郭嵩焘作完辞行拜会后,于光绪五年(1879)正月初十离开使馆，踏上了归程，在伦敦和巴黎任上一共度过了两年零三个月的时光。

在回国的途中，郭嵩焘已经下定决心不再出仕。回国后，不少人向朝廷推荐，他都拒绝。朋友们的惋惜他也不再理会。国内对他的问题处理不公，是他决心归隐的直接原因。深刻的原因则是他对当权派全面的失望。

他先是以身病告假，朝廷不明内情，下旨该侍郎"俟病体稍痊，即行来京供职"。后来，郭嵩焘一再请辞，朝廷不得已，"允乞休"。

从光绪五年春开始，郭嵩焘定居长沙，开始了他漫长的赋闲生活：读书、著述、会友……

这是他的三起三落。


## 风 雨 残 年

退隐后的郭嵩焘内心一点都不平静。他不满当权派的治国举措，国家的忧患时不时地袭扰他的心。他还想为自己的家乡做些事情。但事事不顺，这增加了他内心的愁苦。

光绪七年（1881），中俄《里瓦几亚条约》签订，沙俄攫取了中国大片领土（同年，曾纪泽与俄国签订《中俄伊犁条约》，收回伊犁）。过了两年，中法战争爆发，清政府确认了法国对越南的殖民统治并丧失了相应的权利。郭嵩焘痛心疾首。

这期间，洋务运动正深入展开。光绪六年，刘铭传提出修建铁路的建议，引起了修与不修的大争论。郭嵩焘又以独特的身份参与讨论。他连续发表《铁路议》和《铁路后议》，坚持反对官办、主张民营的立场。

他想按自己的主张在湖南兴业，由民间兴办航运、铁路，虽然说服了湖南巡抚，最后计划报上去，还是被一一否决。

他在英国时，许多英国人向他建议，让他说服中国政府禁食鸦片。他提出了建议，但没有人认真对待。回长沙后，他发起并与一些友人组织了"禁烟公社"，宣传吸烟的危害，提倡戒烟，他动员了湖南巡抚参与其中，这算是最有实效的一项活动。

郭嵩焘另一项具有实效的活动是兴办学校，发展湖南的教育事业。几年的驻外生活使他认识到，要应对变局、兴国、图强，一切出于学。首先是倡议恢复湘水校经堂。湘水校经堂于道光十三年由阮元的门生、当时任湖南巡抚的吴荣光创立，原附属岳麓书院。吴荣光离任后，此堂名存实亡。郭嵩焘从海外归来不久，即向湖南学政朱迫然建议恢复湘水校经堂。在郭嵩焘的努力下，湘水校经堂得以恢复。恢复后的校经堂不再附属岳麓书院，而在长沙城南天心阁下另设堂址，并以通经致用为宗旨。校经堂为近代湖南培养了一批人才。戊戌变法时期，它成为维新思想的宣传阵地。当时，影响巨大的《湘学报》就是在该堂刊行的。

其次，是创办思贤讲舍。郭嵩焘酝酿创办思贤讲舍的时间，与他倡议重建湘水校经堂的时间大略相同。光绪七年思贤讲舍正式开馆，郭嵩焘任第一任主讲。思贤讲舍在清末为湖南培养了一批人才，还组织出版了一批重要的书籍。

郭嵩焘更多的时间是读书、著书。他晚年多病，与病痛作斗争也是他生活的一部分。他从没被疾病吓倒，书照读，文照写。他的日记记到生命的最后一刻。光绪十七年六月，他的病情恶化，六月十三日，他的心脏停止了跳动，享年七十三岁。

重九那天（1891年10月11日），郭嵩焘葬于湘阴县城东七十里老冲坡之飘峰。

临终前，郭嵩焘所做的三件事特别值得我们记忆：一、他给后代留下一严厉告诫，不许沾染鸦片，说："有犯此者，先请改姓，勿为吾子孙可也。"二、他留下遗言，死后"三日成服，传知本家及一二至亲，并于灵前行礼，其他亲友概不通报"。三、他把自己的著作文稿和日记托付给了友人，给后人留下了一份可贵的历史遗产。

现在我们可以再回过头来看看本书开头引的郭嵩焘那首诗。那不就是对郭嵩焘一生的生动概括吗！

郭嵩焘不但是一位思想家、外交家，而且还是一位笔耕不辍的著作家，一位热情洋溢的诗人。他的作品已刊印的就有十九种之多。其中的《郭嵩焘奏稿》《郭嵩焘诗文集》《郭嵩焘日记》最为有名。

算起来，从道光二十七年二十九岁得中进士到光绪十七年病逝，在这四十五年中，郭嵩焘有三十年的时间在乡赋闲，给朝廷做事（包括早期做曾国藩幕僚）的时间只有十五年。而在这短短的十五年中，他却干出了一番不同寻常的事业。

## 第 2 章

# 郭嵩焘与湘军

对于湘军，有的史家说它帮助清廷实现了"中兴"，有的史家说它帮助清朝延长了腐败统治。这说明，湘军在中国近代史上所占的重要地位毋庸置疑。湘军事业是郭嵩焘安身立命的根本。故而，讲郭嵩焘不能够不讲他与湘军的关系，不能够不看看湘军究竟怎样让郭嵩焘借以安身立命。

## 说服曾国藩出山

湘军是由曾国藩在举办团练的基础上创建的。可当初，曾国藩在是否出山办团练的问题上，曾矛盾徘徊。是郭嵩焘说服了他应诏出山。事情的经过是这样的：在清朝岌岌可危之际，咸丰帝想到了任命团练大臣组织"团练"的主意。任命的各省团练大臣需要具备两个条件：一是侍郎以上的官阶，二是赋闲在籍。在湖南，委派的是曾国藩，因为他由于母丧正在家乡守制，此前在京城是礼部、吏部、兵部、工部和刑部五部侍郎。

咸丰二年（1852）腊月，曾国藩收到了湖南巡抚张亮基传过来的上谕。曾国藩一向主张"经世致用"，国家有难，皇上召他出来效力，他应该立即出山。但另一方面，他又笃信理学，母亲去世，他不能够不尽孝道，安心守制。所以，收到上谕后，他最初的反应是，立即写了一份奏折，力陈不能出之意。但写好的奏折并没有发出去。随后，他又收到张亮基来信，信中说武昌已经被太平军攻占。知道这个消息后，曾国藩"不胜震惊"，看出"湖北失守，关系甚大，又恐长沙人心惶惶，理宜出而保护桑梓"。但究竟出不出山，他依然在犹豫。

恰好这一天，郭嵩焘为曾母吊唁赶到湘乡。郭嵩焘赶到曾家已经是深夜。接到圣旨的事大，两个人见面必然最先谈及。曾国藩表明自己的态度，说要坚持守制。对曾国藩的决定，郭嵩焘立即表明态度，说："公素具澄清之抱，今不乘时自效，如君王何？且墨绖从戎，古制也。"

郭嵩焘清楚地知道，出办团练，是曾国藩，也是郭嵩焘自己人生的一大转变。原来是搞文，以后要变成搞武。劝人适应这种转变要有一个说头。对此，郭嵩焘的说头是"墨经从戎，古制也"。

可以想见，此时的郭嵩焘心中已经有了一幅壮丽的蓝图。他下决心要说服曾国藩，绝对不可失却这个机会。往日，大家忧国忧民，憧憬着有朝一日机会来临干出一番事业来。现在机会来了，不能裹足不前，坐失良机。

但此时的曾国藩肯定有他自己的道理。郭嵩焘千言万语，曾国藩都不为所动。

郭嵩焘也下定了决心，绝对不能失去这样的机会，于是，他找到了曾国藩的父亲曾麟书。老人被说动了，把儿子叫到了面前，连劝带训，使曾国藩不得不接受父亲的训令，为国出山。

当初，跟随曾国藩去长沙办团练的，只有郭嵩焘和刘蓉。路上，他们拉上了罗泽南以及罗泽南的弟子李继宾、李继宜兄弟，以及王鑫。罗泽南他们手下有一千多名乡勇。这就是湘军初期的班底。

动员左宗棠出山同样是郭嵩焘为湘军事业所做的令他念念不忘的一件大事。这事发生在动员曾国藩出山之前。

左宗棠二十一岁时应本省乡试，落了选，幸亏主考官在落选的考卷中"搜遗"，他才捞了个举人。次年会试落榜，心犹不甘，道光十五年再考，又不中，道光十八年再考，还是不中，从此放弃科举。

道光十九年（1839），左宗棠在醴陵渌江书院任主讲，认识了两江总督陶澍。认识不久，陶澍去世，撇下一个九岁的儿子陶桄。经人推荐，左宗棠到了陶澍的老家安化，给陶家当塾师，教陶桄读书。陶澍的女婿是胡林翼。左宗棠因此与胡林翼相识。左宗棠在陶家待了八年。

道光二十四年，左宗棠用历年的积蓄在老家买下七十亩地，雇工种田。他对农业曾作研究，经管甚是得法，仅仅茶园一项的收入，便够交纳七十亩地的赋税。当时他依然在安化陶家教书，每从安化回家，便巡行田头，指导耕作，自号"湘上农人"。

道光二十五年，林则徐任云贵总督，胡林翼任贵州知府，胡林翼曾推荐左宗棠入林则徐幕。尽管左宗棠对林则徐仰慕已久，很想去林则徐那里，但当时他已将女儿许配给陶桄为妻，翁婿之情，使他离不开陶家。另外，他也不想放弃过惯了的闲适生活，复信婉拒。

左宗棠优哉游哉的闲适生活，被太平天国的兴起搞乱了。咸丰二年（1852），太平军打到了家门口，他和郭嵩焘一起携家眷到玉池山梓木洞郭嵩焘的一位亲戚家躲避了数日。就在左宗棠避难之时，湖南巡抚张亮基的邀请函到了。

张亮基出任湖南巡抚之前，曾经在云南任职，与当时担任贵州知府的胡林翼很熟。太平军打来，巡抚张亮基处境艰难，急需帮助，胡林翼便向张亮基推荐了左宗棠。胡林翼还给左宗棠写了信，劝左宗棠万勿推却，迅速出山。这时，江忠源在长沙守城，也有信来劝左宗棠接受邀请。闲适生活过惯了，接受不接受邀请，左宗棠在犹豫。

当时郭嵩焘就在左宗棠的身边。他对自己的这位朋友实在是太了解了。他给左宗棠分析形势，对张亮基的邀请给予肯定，说"公卿不下士久矣"，如今屈尊相邀，应该"成其美"。左宗棠是十分高傲的，郭嵩焘这一说，唤起了左宗棠的光彩感、使命感。于是，决心从戎，立即起程，在太平军进攻长沙的隆隆炮声中进入长沙城，从此踏上了他"中兴元辅"之路。

另外，郭嵩焘对李鸿章的提携同样是郭嵩焘为湘军事业做的一件大事，这事发生在后。

李鸿章于道光二十七年（1847）与郭嵩焘同科考中进士，道光三十年被授为翰林院编修。咸丰三年，咸丰帝下旨让工部左侍郎吕贤基回安徽办团练，李鸿章随行。到安徽后，李鸿章先入巡抚周天爵幕。后安徽巡抚连换四人，李鸿章都在他们幕中。五年过去，李鸿章碌碌无为，始终作为一个幕僚行事。咸丰八年他致信曾国藩，表达了对曾国藩的由衷钦佩之情，对自己事业无成表示惭愧。曾国藩看到李鸿章有意入幕，致信表示欢迎。李鸿章遂于咸丰八年到建昌大营见曾国藩，正式加入湘军行列。

李鸿章到达后，曾国藩与李鸿章进行了数天的交谈，了解、总结安徽战事，探讨下一步战略。曾国藩有意培养李鸿章，让李鸿章参与机要，两个人的关系十分融洽。

但是，曾国藩与李鸿章的极为和谐的关系，在咸丰十年（1860）发生了急剧的变化。急变的起因，是祁门移营和参劾李元度的问题。

当时，湘军正在围攻太平军的重要据点安庆。为解安庆之围，取围魏救赵之术，太平军分兵两路进攻武汉三镇。曾国藩坚持不撤安庆之围，将大营设在皖南祁门。李鸿章对曾国藩驻扎祁门多有异议，其他幕僚也多次建议曾国藩移营。曾国藩则坚持不纳。李鸿章埋怨曾国藩固执己见，开始对曾国藩流露不满。

就在这时，徽州失守。镇守徽州的是李元度。李元度原是曾国藩所信任的人，他本人又是一位造诣极深的理学家，但太平军进攻时，李元度违反曾国藩坚守不出的指令，带兵迎战，结果溃败，将徽州丢失。李元度回到祁门大营后不久，私应浙江巡抚王有龄之约，拟前去统带防军。对此，曾国藩作出了激烈反应，断言"此人殆不足与为善"，遂决定参劾他。众人大惑不解，失掉了徽州不问责，而换一个地方，到别处去为国家效力，反构成滔天大罪，什么道理？他们不了解曾国藩的脾气。在曾国藩看来，仗打起来终有胜负，失了徽州并不可怕。李元度是湘军的人，王有龄是湘系的政敌，自行前往投靠，无异于变节，所以不能饶恕。众人，包括李鸿章在内，对这一层不甚明白，因此起而反对。

对曾国藩不听众人规劝，固执地坚持驻军祁门，李鸿章已经有气，现在又认为曾国藩颠倒是非，坚持查办李元度，"乃率一幕人往争"，并声称："果必奏劾，门生不敢拟稿。"曾国藩见李鸿章如此不顺从，自然也怒火在胸，但还是强压怒火，说："我自属稿。"表示绝不改变主意。这时，李鸿章也来了牛劲儿，说："若此，则门生亦将告辞，不能留侍矣。"这自然吓不倒曾国藩，于是表示："听君之便。"

李鸿章真的走了。十月的某一天离开了曾国藩祁门大营。回南昌途中，李鸿章去拜访胡林翼，说明辞幕原因。胡林翼劝了一阵，李鸿章的怒气还没有消尽，还向胡林翼发了脾气，带着余愤回到南昌。

今后的路子如何走？他想去福建。但他的许多好友竭力规劝，沈葆桢致函说福建糜烂，不要去。这时，郭嵩焘来了信。信中，郭嵩焘"力言此时崛起草茅，必有因依，试念今日之天下，舍曾公谁可因依者，即有拂意，终须赖以立功名，仍劝令投曾公"。郭嵩焘劝人，话最能够讲到点子上。他向李鸿章指出，如今，我们这群读书人，虽然自视高雅，其实，在乱世之中，都是些草莽英雄，故而，要想崛起，必须寻找靠山。如今哪个最可以依靠呢？遍察域中，唯有曾国藩了。男子汉大丈夫，要想有一番作为，就得能伸能屈。郭嵩焘的意思很明确：回去！正是这番话，击中了李鸿章的要害处，他终于回心转意，决定返回。

此时，胡林翼也劝说曾国藩，请他从打太平军的大局出发，宽容李鸿章。曾国藩显示了大度姿态，表示不计前嫌，继续信任、关心李鸿章。此后不到半年，李鸿章即被曾国藩委以重任，独当一面，此后才有了他创淮军，当上了"中兴元辅"。

这样，清朝四个"中兴元辅"，三个由于郭嵩焘的关系走上了飞黄腾达的人生之途。对此，郭嵩焘甚为得意，说曾国藩、左宗棠、李鸿章"其出任将相，一由嵩焘为之枢纽，亦一奇也"。

## 创意组建湘军水师

在郭嵩焘的朋友中，自办团练最早打太平军的是江忠源。

太平军打到长沙时，江忠源曾率军赶到救援，他的队伍离太平军最近，近到"共汲一井，击柝相闻"的地步。太平军最终突围，去了湖北。咸丰三年，张亮基任两湖总督，军事上依赖江忠源。三月，江忠源出任湖南按察使，诏命帮办江西军务。这时，江忠源想到了郭嵩焘。

江忠源给郭嵩焘写信，要郭嵩焘前来帮忙。他怕郭嵩焘不来，特有"兄纵不为弟出，独不为天下计邪"这样的话。在此之前，郭嵩焘曾劝左宗棠、曾国藩出山，这回轮到自己了，故不能辞。当年七月郭嵩焘赶到了南昌。此时，南昌、九江等地战斗正酣。太平军势不可挡，官军打了好几次败仗，形势十分紧张。到十月，郭嵩焘离开江西，返回了湖南。这期间，他为江忠源，也是为整个湘军的建设，出了一个大主意。

这年九月，江忠源部被太平军围在南昌，郭嵩焘、江忠源住章江门城楼。战斗中每抓获太平军的将士，他们就在城楼上进行审讯。当时城外有一文孝庙，数十亩的规模。他们原以为太平军是驻扎在文孝庙里的。一天，抓来一个太平军的士兵，他们问这个士兵：那庙里住了多少人？被俘的士兵回答说：没住一兵一卒，官兵进攻时，只是作掩护而已。郭嵩焘、江忠源忙问：那庙里为什么不住人呢？回答说：庙一面濒江，没有墙，大家都住在大江中的船上。郭嵩焘、江忠源又问：你们有多少船？回答说：有十几万艘。

是了！太平军有大庙而不住，一定要住到船上，足见船对他们的重要了。往日，太平军的战船停在江上，遮天掩日，郭嵩焘心中并没有什么灵感出现。这一番审讯，使郭嵩焘忽然有了一个主意：造船！

太平军有十万艘舰船！他们气势大，何尝不是由于他们的这十万条船！他们有船，我们为什么不能有船？一同审讯，郭嵩焘心中有了这样的大主意，江忠源却木然无所思。郭嵩焘向江忠源讲出了自己的想法。江忠源是一个思想敏锐的人。窗户纸一旦被捅破，他也就恍然大悟。

造船、建水军，这可不是寻常的事，需要向皇帝报告，得到批准。事情急迫，立即由江忠源上疏，陈说理由。咸丰帝也看出这是一个好主意，遂立即下诏，令四川、湖广等省速制战船，交曾国藩管带调遣使用。

郭嵩焘想到了曾国藩所没有想到的事，并且给曾国藩搞到了建造水师的尚方宝剑。曾国藩自然兴奋不已。当年八月，曾国藩自长沙到衡州，亲自筹划湘军水师建设之事。他物色了彭玉麟、杨载福二人为大将，在衡州大造战船，招兵、购炮，很快装备起一支凶悍的水上部队。一年多的时间，湘军已经有了五百艘战船，五千名水军，人数上占到湘军的半数。这支水师，在攻打太平军、攻占太平军的大本营天京的战斗中，起到了至关重要的作用。


## 为湘军筹饷

创办军队，是一项综合工程。湘军创立之初，遇到的最大难题是筹饷。

国家拨款指不上，咸丰让下面办团练，谕旨写得明白，"一切经费均归绅者掌管，不假吏胥之手"。其实，曾国藩等人心里明白，当时真的要国家拿出钱来也是做不到的。清政府不惜倾全国财力、兵力打太平军，到 1853 年七月间，已经拨军饷白银 2963 万两，户部库存仅仅剩下 99.7 万两了，战事仍在不断扩大，什么时候算完，谁的心中也没有数。

还有一层，曾国藩要组建一支新军，中央政府的干预越少越好。吃上官粮，就会处处受制。所以，湘军领导核心商定，宁愿费尽千辛万苦，也要自己筹饷。

还有另外一层，湘军组建，湘军领导核心确立了一项原则：湘军将士要拿高薪。特别是一定要参加湘军的普通士兵得到实惠，以便于招募、训练和作战。在原政府军中的旗兵和绿营军，普通士兵的待遇非常低，一年当差下来，得不到几个钱。湘军却不然。湘军中的"正勇"月薪白银四两二钱，比绿营兵高出一倍，与一般农民的收入相比更有天壤之别。这增加了筹饷的难度。兵员的薪酬只是所需的一部分，除此之外，还要造船、置械等，消耗是巨大的。

郭嵩焘承担了湘军筹饷的艰巨任务。他的三个主意，使筹饷的问题较为顺利地得到了解决。

第一，倡办"劝捐"。所谓"劝捐"，就是连劝带压，要富户捐钱。当郭嵩焘向曾国藩提出时，曾国藩曾经踌躇难定。曾国藩的踌躇不是没有道理的，他知道那些有钱的富户不好惹。郭嵩焘见曾国藩为难，自己便干了起来。他找益阳人周开锡、宁乡人廖宗元商量了办法。结果，"甫及一月，捐得十余万金"。十万金，区区小数，但毕竟可解曾国藩的燃眉之急。

"劝捐"是不能够长久搞下去的，搞不好要出事。当"劝"到已故两江总督陶澍的儿子陶桄家，请他拿出万金之时，陶家不但拒捐，还要控告，说明这种办法不能从根本上解决湘军的饷源。

一计不成，再生一计。郭嵩焘又想出"厘捐"的点子。这也是咸丰三年的事。所谓"厘捐"，按其字面的意义，就是值百抽一，即对过境货物收取相当其价值1/100的税。搞"厘捐"不是郭嵩焘的发明，而是他从别人那里"借"来的。"厘捐"在湖南的最早施行者是黄南坡。黄南坡曾在常德私设厘局，偷偷摸摸搞厘捐。郭嵩焘要公开搞，而且要在全省推开，故此他向湖南巡抚骆秉章提出建议。当时，左宗棠在骆秉章手下，郭嵩焘认定，他的主意一定会得到左宗棠的认可，从而影响骆秉章。郭嵩焘先找到了左宗棠。骆秉章认为搞厘捐是"妙策"，遂在湖南全省推行。

第三，倡办"盐厘"。"盐厘"是"厘金"的变种。这个点子郭嵩焘是从太平军那里学来的。当时，郭嵩焘赴援江西，发现太平军设卡向贩盐者收税。于是，郭嵩焘遂有了官军设"卡局"的想法。这一建议也是咸丰三年提出的。

郭嵩焘的三个点子被后人称作"筹饷三策"。这三策，特别是"厘捐"的建议，在支持湘军与太平军对抗的十余年中起了不可估量的作用。郭嵩焘自己说："曾文正公办理军务，终赖此三项以济军食，而湖南亦恃此以为富强之基，支柱东南数省。"

非但如此，郭嵩焘倡办厘捐之后，各地统兵的将帅皆以为好，遂竞相效尤。咸丰四年之后，河南、江苏等地广泛推行，而且得到了清政府的正式批准。从咸丰五年起，湖北、四川、新疆、吉林、安徽、福建等地又相继仿行。咸丰七年，在河南打捻军得胜后，又奏准在全国各省一律办理。

厘捐原本是一种临时性的筹款方式，为的是打太平军。但太平军被消灭后，清政府并没有撤销这一税种。

此后，郭嵩焘继续为湘军筹饷而奔波。辛酉政变后，曾国藩受到重用。经曾国藩举荐，李续宜、沈葆桢、李鸿章、左宗棠分任安徽、江西、江苏、浙江巡抚。此前，李鸿章奉曾国藩命在安徽募兵。次年，也就是同治元年（1862）春，李鸿章仿照湘军营制，编成了一支六千人的淮军。四月初，李鸿章奉命率淮军援上海，被授江苏巡抚一职。李鸿章到上海后，深感"独立无助"，于是想起了郭嵩焘。

接到邀请函，郭嵩焘答应出山。当年四月十八日，诏命郭嵩焘为苏松粮道。

郭嵩焘于同治元年闰八月到上海正式上任。次年三月，由浙江巡抚左宗棠建议并得到朝廷批准，郭嵩焘兼督松浙盐务。当月，郭嵩焘又兼任两淮盐运使，一直到这一年的六月初任广东巡抚为止。这期间，郭嵩焘主要的工作是整顿厘务，实质上还是为湘军和淮军筹饷。

两淮盐税历来是一笔大的收入。因清军占领区与太平军占领区犬牙交错，各地官绅乘乱相率营私，所以厘金的筹办当时十分混乱。

在郭嵩焘接任之前，两淮盐务使是乔松年。当时，江南提督李世忠拥重兵，行私盐，乔松年"莫敢诘问"。这样，前任移交时，库储不及四万两，欠湘军饷银四五个月，应该从这里支出的淮军饷银更是没有着落。郭嵩焘一到任，首先向李世忠开刀，"截其盐，并没其船，于是配销大畅"。加之其他方面的整顿，立竿见影，收入超过了以前全盛时期，以前所欠之饷，一律付清。曾国荃部得到盐款，以此购买军粮，富明阿部也得以"一获饱餐"。郭嵩焘任职两个月，除还清欠账外，库存尚有二十多万两。所以，李鸿章致书曾国藩，说："淮盐经筠仙整饬，月销引数倍增，上下游厘饷顿旺……师门当不终穷也。"

在苏松粮道和两淮盐运使任上不到半年，郭嵩焘便到广东任巡抚。在任期间，其主要职责之一，还是筹粮饷。

## 为湘军谋购设备及枪械

咸丰五年年底到六年年初，郭嵩焘接受曾国藩之命，从湖南去杭州、上海、苏州跑了一圈。筹饷是目的之一，但不是唯一的目的。还有一个目的，就是为湘军购置军火蹚路。

当时，与外国人进行联系是一个敏感的问题，又涉及军事机密，所以，郭嵩焘对这趟东方之行中购置军火的事讳莫如深。但是，从他所记日记中，我们还是可以找到一些蛛丝马迹。

到上海后，郭嵩焘看了法国领事馆，造访了两家法国洋行，参观了英国领事的火轮船。他还在法国人开的洋行里买了一个温度计，一个双筒望远镜。在参观英国领事的火轮时，对火轮的尺寸大小和结构等记录甚详。看到这里，人们把这一切归于郭嵩焘的好奇，归于他对新事物的兴趣。其实，郭嵩焘这是在履命。他别的不买，为什么买下温度计和望远镜？他为什么把轮船的各个方面都详加记录？这都是有军事目的的。他在日记中记下买温度计和望远镜的时候，加了一句"索值极昂"。明明知道很贵，为什么还要买？在记录火轮各方面的数据时，郭嵩焘记下了船主的一句话，说："船式随人创造。"这些不就吐露出他买这些东西、看这些东西的军用目的了吗？最明显不过的，是咸丰六年初八他在日记中记下了"购洋布"的事。他没有讲洋布是从中国人手里购得的，还是购于外国洋行，但"洋布"当时肯定是进口货，因为中国还不会生产。买了多少他也没有讲，也没有讲买布的用途。其实，这又是一项公干。当时，曾国藩正在大规模地组建湘军，军服被褥大量需要布匹，而靠土布怕是解决不了问题，故而需要洋布。

更为明显的是郭嵩焘到达苏州后的一段记录。那是咸丰六年三月初三的日记中的话："马远林见示所购洋枪一件，极奇，据称现定制一百二十杆，真天下利器也。已托其代定。"这马远林何许人，郭嵩焘前后文都没有交代。但仅凭这只言片语，我们就不难看出，郭嵩焘找这样的一个人在干什么了。

郭嵩焘不是在上海，而是在苏州做这样的事并不奇怪。当时，太平军据守南京，镇江处于太平军包围之中。苏州在东，当时在清军手里，但太平军必欲拔除这个钉子。军火商选择苏州，是便于坐等双方上门。


## 宣传湘军，维护湘军

在湘军组建的初期，郭嵩焘主要是为湘军筹饷。要筹饷，就要宣传。故而，伴随筹饷，宣传湘军成为郭嵩焘的日常工作，这从他当时的日记中看得清清楚楚。郭嵩焘宣传湘军，维护湘军，还有一些突出事例。

### 参与起草《讨粤匪檄》

《讨粤匪檄》是湘军的政治宣言。有资料显示，郭嵩焘就参与了《讨粤匪檄》的起草。《讨粤匪檄》只有短短千余字，但敌对者的罪恶，自身的使命，对民众的要求和政策，却讲得一清二楚。且文辞铿锵，掷地有声，如果摈弃内容是非评价，确是一篇美文。历史证明，这篇檄文在湘军发展史上占有重要的地位。

## 向咸丰帝宣传湘军，维护湘军

前文提到郭嵩焘在京城就局势问题与咸丰帝应对。趁此机会，郭嵩焘搬出了湘军，说："湖南、北所以较优，亦由抚臣骆秉章、胡林翼事事认真，吏治、军务两事，都有几分结实可靠。一省督抚办事能认真，便也能转移一省大局。"细心的读者会发现，曾国藩是湘军的首领，这里，郭嵩焘既讲湘军，为什么只说骆秉章和胡林翼，而只字不提曾国藩？

这里有一个背景：咸丰四年，湘军出师，八月攻克被太平军占领的武昌。这是湘军的一次辉煌战绩，报到咸丰帝那里，咸丰帝甚为激动。就是在这样的情况下，军机大臣祁寯藻才向咸丰帝讲了那句话："曾国藩一在籍侍郎，犹匹夫也。匹夫居闾里，一呼蹶起，从者万人，恐非国家之福。"当时，咸丰帝听后立即沉默，转喜为忧。在场的肃顺把这一切都看在了眼里，遂为曾国藩讲了一些好话。但那之后，咸丰帝对曾国藩一直保持警惕，表示了极大的不信任。肃顺等主张重用汉人，郭嵩焘由肃顺、陈孚恩弄进京来，安插在咸丰帝身边，其目的之一，就是让他成为联系湘军和咸丰帝的纽带。皇上召见郭嵩焘，肃顺不会不向郭嵩焘交代咸丰帝警惕曾国藩这样的大事。又要宣传湘军，又要避免引起皇上的不快，便是郭嵩焘讲湘军但避免讲曾国藩名字的奥妙所在。

## 借表彰忠义悼念亡者，激励士气

湘军幕府中，设有"采访忠义科"，职责是搜集和整理在清王朝同太平军作战中阵亡和被杀官员、士绅的资料，汇总奏请设立祠坊，"彰忠义而示激劝"。在采访忠义科设立之前，湘军领导这方面的工作已经展开。在这方面，郭嵩焘是做得最突出的一个。湘军高级将领中，最早战死的是江忠源。江忠源死后，郭嵩焘随即撰写《赠总督安徽巡抚江忠烈公行状》。江忠源祠堂建好后，又作《新宁县江忠烈公祠记》。江忠源义塾建成后，又作《江氏义塾记》。罗泽南去世后，郭嵩焘作《罗忠节公墓志铭》。罗泽南祠堂建成，郭嵩焘又作《罗忠节公祠堂记》。罗泽南夫人去世后，郭嵩焘作《罗母周夫人墓表》。胡林翼去世后，郭嵩焘撰《太子少保益阳胡公祭文》，作《赠总督湖北巡抚胡文忠公行状》《胡文忠公神道碑铭》，还为胡林翼的夫人陶氏（*陶澍之女*）写《胡母陶夫人祔葬志铭》。刘蓉去世，郭嵩焘作《陕西巡抚刘公墓志铭》。曾国藩去世，郭嵩焘撰《祭曾文正公文》，作《曾文正公墓志铭》。郭嵩焘共为湘军集团将领和湘军出身的官员写"行状""家传""别传"十三篇，墓志铭三十六篇，墓表五篇，神道碑十篇，"祭文"或"告文"十一篇，祠堂、旧居等"记"九篇。既然是"彰忠义而示激劝"，郭嵩焘以上文稿的行文绝不马虎，资料该详尽的尽量详尽。像《赠总督安徽巡抚江忠烈公行状》近两千言，将江忠源的事迹写得十分详尽。另外，这些文字都是"行状"、铭文，所以皆句斟字酌，用意深远。曾国藩去世，郭嵩焘有一挽联，写的是：

　　论交谊在师友之间，兼亲与长；论事功在唐宋之上，兼德与言；朝野同悲我为最。

　　其始出以夺情为疑，实赞其行；其练兵以水师为著，实发其议；艰难未与负公多。

这里，郭嵩焘既表明了他与曾国藩的特殊关系，重要的是突出了亡者在湘军集团创业群体中的地位，是对湘军事业性质的重申。

### 《湘军志》毁版案

光绪初年，原湘军集团领导成员中，许多人认为有给湘军立传之必要，遂由曾国藩的儿子曾纪泽出面，邀请潇湘才子王闿运撰写。王闿运少年时就很有才气，且恃才傲物，很少把什么人放在眼里。据说，曾国藩作《讨粤匪檄》时，在衡阳东洲书院读书的王闿运来到曾国藩的军中，挑《讨粤匪檄》的毛病，指责《讨粤匪檄》没有针对洪秀全的《奉天讨胡檄》中提出的"民族大义"进行批驳。对王闿运的建议，曾国藩没有理睬。不过曾国藩爱才，尽管王闿运傲物，但也是湖南人，便把他收留在自己的幕府之中。可是，王闿运耐不得军营里的清苦，跟湘军到岳阳后，便说自己是独子，家有老母，无人奉养，老母不同意他去打仗。曾国藩并不怪他，为人尽孝，也是曾国藩所主张的，便放他回家。后来，王闿运在北京会考不第，绕道江西来看曾国藩，曾国藩对他仍然礼遇有加。但王闿运依然没有留作曾国藩的幕僚。同治三年，曾国荃率湘军打下金陵，太平天国被打败。不久，曾国荃奏请在南京的江南贡院开乡试，把中断了十二年的江南乡试于此延续起来。战后的南京城残破不堪，湘军因为欠饷等原因，军纪很差，这引起了江南一些士人的不满。有些士人甚至流露出对湖南人的不屑。江苏原是人文荟萃之地，在清朝所举行过的一百一十二届会试中，共有一百一十四名状元（**顺治皇帝时有两届满榜，故多了两名**），其中江苏籍占了四十名。据此，江苏士人很是瞧不起外省士人，由于湘军的那些毛病，他们更看不起湖南人。

这一情况被正在南京游玩的王闿运知道后，便随手写了一副对联："吾道南来，原是濂溪一脉；大江东去，无非湘水余波。"一时，这副对联传遍江南。

王闿运自幼喜欢纵横之学，研究帝王之术，志做帝王之师。从他的学生杨度的一段记载中可以证实，王闿运曾经劝说曾国藩、胡林翼"裂土称王"。杨度的记载是这样的:"有湘潭王先生,少年击剑学纵横。游说诸侯成割据,东南带甲为连横。曾胡却顾咸相谢,先生大笑披衣下。"王闿运的纵横之学一辈子都没能成功。于是,他晚年写了一副自挽联,以表心迹:"春秋表仅成,剩有佳儿传诗礼;纵横计不就,空留高韵满江山。"

让这样一个人给湘军立传,似乎是合适的。曾纪泽把曾家所藏资料毫无保留地提供给了王闿运,这又为王闿运的成功提供了极为有利的条件。他首篇草拟后送郭嵩焘,郭嵩焘就发现了问题,遂写信给王闿运提醒。但是,这没有引起王闿运的注意。王闿运用了几年的时间,完成了《湘军志》,并刻版付印。原湘军集团领导成员曾对《湘军志》寄予很大希望。但看后却一片哗然。他们认为《湘军志》不但没能张扬湘军的光辉,反而给它抹了黑。郭嵩焘成为反《湘军志》的领袖。郭嵩焘的态度从他写给一位朋友的信中可见一斑:

> 湘军本末,宜有述录,发议自吴南屏,嵩焘实倡行之,曾劼刚一以属之王壬秋。始见其《曾军篇》,于曾文正多刺议,寓书力戒之。去腊自蜀归,其书遂已刊行。沅浦宫保指证其虚诬处,面加诘斥,几动湘人公愤,将其板销毁,然闻蜀人已有翻刻本,贻毒固无穷矣。壬秋文笔高朗,而专喜

讥砭。通志局初开，嵩焘力援之，为罗研生所持，言："若壬秋至，湘人攻击且尽，曷云志也？"其后所修三志，《东安志》板已毁，《桂阳志》亦有纠缪之作，《衡阳志》托名彭雪琴宫保，无敢议者，衡人私论亦皆隐憾之，自王船山先生已遭其讥议，其他可知，要其失不在秉笔而在包修。劼刚踵行其失，鄙心不能无歉然。因沅浦宫保之言，取其书读之，专叙塔忠武、多忠武战功，湘人一皆从略，江忠烈直没其名，至江西始载其以一军赴援，并帮办军务之命亦匿不书。而于李勇毅、杨厚庵则竟诋斥之。张笠臣指为诬善之书，且言："楚人读之惨伤，天下之人无不爽心快目。"开端数行中，便谓洪寇之盛，实自湖南始，始合围而纵之，又起偏师追而歼之，直以是蔽罪湖南，亦竟不测壬秋之果为何意也。今其势不能不重加修辑，又万不能开局，当由思贤讲舍任之。壬秋高才积学，极谋以讲舍相属，而终见忤如此，所损声名实多。始悟君子成己成人之学，一皆性之德，于人多伤，终亦不能成己。

文中王壬秋即王闿运；曾文公指曾国藩；曾劼刚即曾纪泽，当时使俄初归，职在左副都御史；沅浦宫保指曾国荃，时任陕甘总督；罗研生是郭嵩焘的好友，湘潭人，学者；彭雪琴官保指彭玉麟，原湘军水师领导人，当时任两江总督；塔忠武指塔齐布，旗人，原为绿营军下级军官，经曾国藩提拔，成为湘军重要战将，当时已经故去；多忠武指多隆阿，旗人，原来是旗军下级军官，经曾国藩提拔，亦成湘军重要战将，当时已经故去；江忠烈指江忠源；李勇毅指李续宜，原湘军重要领导人，曾任湖北、安徽巡抚，同治二年病故，以总督衔抚恤；杨厚庵指杨岳斌，原湘军重要将领，同治三年授陕甘总督，加太子太保，同治六年被革职，光绪元年重被起用，命巡阅长江，整顿水师；张笠臣亦为张力臣，湘阴人，郭嵩焘的好友，曾与郭嵩焘一起创建"禁烟公社"。信中，郭嵩焘开列了《湘军志》内容方面的四大罪状：（一）在《曾军篇》中"刺议"曾国藩。（二）在《衡阳志》中对王夫之等进行"讥议"。（三）书中对塔齐布、多隆阿等大书特书，"湘人一皆从略"，江忠源连名字都不提。（四）用隐喻的手法，说太平军"之盛，实自湖南始，始合围而纵之，又起偏师追而歼之"，从而"蔽罪湖南"。郭嵩焘指出，王闿运《湘军志》的刊行造成了恶劣影响，他称之为"贻毒无穷"，用张笠臣的话，是："楚人读之惨伤，天下之人无不爽心快目。"更可恼的是，王闿运对郭嵩焘等人的批评置若罔闻。对《曾军篇》中的问题，郭嵩焘曾写信提醒，但王闿运我行我素，照写不误，照印不误。对《湘军志》中的问题，曾国荃曾当面提出严厉批评，并将《湘军志》毁版。但《湘军志》又在四川翻刻付印。郭嵩焘指责王闿运搬起石头砸自己的脚："壬秋高才积学，极谋以讲舍相属，而终见忤如此，所损声名实多。始悟君子成己成人之学，一皆性之德，于人多伤，终亦不能成己。"

事情越闹越大，最后，王闿运不得不负荆请罪，携带《湘军志》刻版，去让郭嵩焘裁处。郭嵩焘则干脆利落，将《湘军志》刻版毁掉。一桩《湘军志》公案这才算是终了。

# 第 3 章

## 郭嵩焘与洋务运动

　　熟悉湘军和洋务运动历史的人都看到了一种历史现象：湘军集团的领导骨干，绝大多数都搞起了洋务。或者反过来讲：当初，发起和推行洋务运动的，绝大多数是湘军集团领导骨干。这一历史现象的形成，大概有以下两方面的原因：一、以曾国藩为首的湘军集团领导核心，笃信儒学，坚守"生生不息"的哲理；笃信理学，讲究"经世致用"。这样，面临由太平天国起义引起的空前危局，和外强打开中国的大门而形成的"千古未有之变局"，他们必然思考国家的前途和命运问题。得出"自强"的结论，借手中掌握的权力推行"自强运动"，顺理成章。二、在太平军与湘军的殊死搏斗中，洋人的"船坚炮利"观念很自然地会引起双方的特别关注。他们要战胜对方，必然想办法引进坚船利炮。湘军集团是清政府的地方实力派，他们很容易把观念变成行动，借用手中掌握的人力物力，购置和制造洋枪洋炮。而在同时对付洋人的背景下，他们同样很容易把"师夷长技以制夷"的口号变为行动。

## 初涉洋务

咸丰五年（1855）年底，郭嵩焘曾奉曾国藩之命，去杭州、上海等地筹饷、购置军火器械。这趟杭州、上海之行，让他有机会接触了洋人，见了世面。

到达杭州之后，郭嵩焘敏锐地发现，市面上进行交易，人们大多使用洋银，当时俗称"花边"。他折算了一下，发现外国人铸造"花边"，其实际价值远远低于"花边"的使用价值，外国人用这种手段，无形之中就赚取了中国的大量白银。这件事使他看到了洋人的厉害，认识到西夷之患，岂一朝一夕之故哉"。

在杭州，郭嵩焘第一次接触西方自然科学方面的书籍。当他听到"日不动而地动"的说法后，表示"颇以为疑"。当时，地球围绕太阳转的问题，在西方早已是常识，而中国的知识界却极少有人知道。但郭嵩焘不像一般闭目塞听的儒生那样，断然判定这种说法为荒谬。他追根问底，向友人详细打听这种说法到底是怎么来的。一位姓邵的向他介绍了西方关于太阳系的学说，并告诉郭嵩焘，乾隆朝时曾有洋人向皇帝谈过此事，乾隆帝命钱大昕等反复询问，"终疑其说，勿用"。郭嵩焘继续追问太阳系以外的宇宙是个什么样子。邵答以"经星皆日，天外之天，盖无穷纪也"。郭嵩焘听后认为"其说甚奇"，未加可否。

当年的二月初五，郭嵩焘到达上海。上海有关洋情的一切都让郭嵩焘感到新鲜，感到兴奋。首先映入他眼帘的是，外国人"状貌狞异，气焰嚣然"。江面之上，火轮船、货船、兵船，泊者无数。到达的第三天，郭嵩焘去法国人办的"利名""泰兴"两个洋行，开始接触洋人。他购买了"风雨表""双眼千里镜"各一件。接着，郭嵩焘又观摩了法国领事馆的洋楼。他看到了迥然有别于中式建筑的建筑物和内室陈设，随后，他看了英国人的兵船。他又参观了外国人开办的墨海书馆，观摩了书馆的地球仪、印刷机等，感慨良多。如看了印刷机，他就有"西人举动，务为巧妙如此"之叹。

洋人的一举一动都引起郭嵩焘的兴趣和感想。一次，在城郊他遇见了参观"利名""泰兴"洋行时见到过的几名法国人，对方主动走过来与郭嵩焘握手，郭嵩焘很有感慨，日记中记录说，这些人与他语言虽不通，但"一面之识而致礼如此，是又内地所不如也"。

在上海，郭嵩焘读了不少介绍外国有关情况的书，也结交了一些了解西方的人士，如他从伟烈亚力那得到了《数学启蒙》，另外还有《遐迩贯珍》《耶苏教或问》等，结交了当时颇有名气的科学家李善兰等。而对郭嵩焘影响最大的，当是徐继畬的《瀛环志略》。


## 在京城宣扬洋务思想

郭嵩焘在南方开始进行筹饷和联系购置洋枪洋炮活动的时候，第二次鸦片战争还没有爆发。第二次鸦片战争爆发后，两广总督叶名琛隐瞒真相，国人长期被蒙骗，并不晓得战争已经打响。郭嵩焘到京后，战争真相已明。这样，如何对待英国人和法国人就出现了新的问题。

在郭嵩焘的脑子里，原来战略上的敌人变成了现实的敌人。原来谋求的是从长计议，对付洋人。现在则要有现实的谋划，应对战争。对付的对象发生了重大变化，从全力对付太平军转变成侧重对付外国人。

他还面临着另外一种重大变化。过去，在与太平军作战中，郭嵩焘在湘军集团里占有独特的地位。他肯动脑，主意多，取得曾国藩等人的信任，曾国藩等对他几乎是言听计从。

现在情况大变。他服务的对象发生了重大变化，由他熟悉的湘军领导集团，变成了以皇上为中心的朝廷。

英国人、法国人步步逼近京门，首先，他要处理与京城士大夫们的关系问题。京城的士大夫对待夷人、对待战争的态度让他极为不满。对待夷人，大家普遍的是鄙视，视洋人猪狗不如。对待战争，大家普遍的是轻狂。他们慷慨激昂，一致主战，那般劲头，好像夷人不堪一击，战则必胜。

郭嵩焘不这样看。他认为，京城士大夫这种表现源于对外国人的无知。一方面，外国人的实际情况并不像人们所理解的那样能够轻视。另一方面，他们表现的所谓慷慨激昂只是一种"虚妄"之情。

其次，最难的，是他如何处理与咸丰帝的关系。他知道，作为最高决策者皇上的思想和行动，对战事的走向极为重要。而他看得出来，实际上，对外国人的看法，对战争的看法和态度，咸丰帝与京城的士大夫大致相同。郭嵩焘看到了危险性。

在这样的情况下，郭嵩焘所要做的就是两点：第一，向大家进行宣传，要大家认认真真地了解外国人。第二，宣扬他的"战无了局"的思想。

关于第一点，他向京城士大夫和皇帝本人都做了工作。

对于京城士大夫，他的工作甚至做到了当时公认最保守的大学士翁同龢那里。郭嵩焘对翁同龢说的话最有代表性：对于洋人，"能知洋情，而后知所以控制之法；不知洋情，所向皆荆棘也"。

对于咸丰帝，他上疏陈情，阐述"制御远夷之道"，"必务疏通其情"的道理，希望引起咸丰帝的注意，改变咸丰帝的看法。

关于第二点，即他宣传的"战无了局"，郭嵩焘除做一般士大夫的工作外，还把工作的重点放在军事将领和咸丰帝方面。郭嵩焘不但向负责大沽海防的僧格林沁宣传他的"战无了局"的思想，而且还向僧格林沁手下的将领们进行宣传。咸丰九年二月初一，他到达大沽不久，就与一批军官讲了他的主张。他说，要把握战局，一要对自己的对手有深入的了解；二要统揽全局，有一套或战或和的办法。他向军官们说，过去的一年，我们就因为这两个方面的欠缺，遇事"临时商议，参差反覆"，吃了亏，弄得"愈办愈坏"。他说，前车之鉴，今天我们不应该再这样做了。针对僧格林沁的部署，他提出问题：不幸而战而败，如何收束？幸而胜，如何为持久之计？他主张"彻始彻终，通盘筹算，然后斟酌一办法"。他连朝廷也批评起来，说："朝廷议和议战，皆务为尝试而已。"这样做的结果，是"任事者亦贸贸焉与之为尝试，以事度之，胜败两无所可，理势俱穷"。

郭嵩焘似乎已经看到了自己这种努力带来的后果，因为他明白，自己的这种言论，是极其不适合京城"虚狂"的士大夫和僧格林沁等将帅们的胃口的。但他依然直言面对。此后，郭嵩焘多有建议，僧格林沁一律听不进去。

随后，僧格林沁率领的中国军队与英法联军进行了大沽之战，中方获胜。整个北京一片欢呼，郭嵩焘却陷入担忧之中。他预判大沽之胜是中国败绩的先声，大祸将要临头。他对咸丰帝在整个战争中的举措之失当感到痛心疾首。

后来，事态的发展证明了他的主张不误。联军战败后，组织力量，重新兴兵。咸丰十年六月，英法联军以战船二百艘、陆军一万七千人到达大沽。七月初，联军再次占领大沽炮台，占领天津城。这时，咸丰帝不得不派出使节与英法谈判，表示全面承认《天津条约》。此时的联军不想就此收场，决计进军北京。八月初八，联军与僧格林沁率领的清军在八里桥进行决战，僧格林沁大败。咸丰帝随即以"木兰秋狝"为名，从圆明园出奔热河。临行前，他任命他的弟弟恭亲王奕䜣为"钦差便宜行事全权大臣"，"督办和局"。

令人啼笑皆非的是，在英法联军这次到达大沽时，咸丰帝还有一些"智谋之行"。他以为不主动进攻，就可以稳住联军，但又密令中国军队穿上团练的服装，"稍稍击之，只说是乡勇，不是官兵"。他还下令"将夷酋或领事之首级枭其一二，以寒贼胆"，并密令扣留英法派赴通州的谈判代表巴夏礼等。

这些事情发生时，郭嵩焘已经离开京城，回到了湖南。但教训令他铭记不忘。

# 筹 办 洋 务

郭嵩焘在京城宣传的洋务思想，其主张为第二次鸦片战争的结局所证实，声名大振。此后，他辞官又被起用、再辞官再被起用。在这个过程中，他在地方办了一系列涉洋事务。

### 办理湖南教案

同治元年（1862），湖南境内出现了全民性的反洋教活动，湘潭、衡阳、清泉等许多地方的百姓群起烧毁西班牙天主堂。当时郭嵩焘闲居在家。事发后，郭嵩焘主动找到湖南巡抚毛鸿宾，帮助毛鸿宾处理这些教案。毛鸿宾不谙洋务，郭嵩焘在洋务方面声名在外，毛鸿宾遂全面接受郭嵩焘的意见，奏请朝廷，果断地对各地的教案进行了处理。

## 筹办同文馆

"制御远夷之道","必务疏通其情"。培养专门应对洋人的人才是当务之急。在京城时，郭嵩焘就曾给咸丰帝上疏，建议成立学习外语的学馆，建议将广东、上海、恰克图、库伦等地与外国人接触、懂外国话的人送进京城，担当教员。

咸丰看过奏折，认为不无道理，饬令王公大臣议行，但后来不了了之。英法军队攻入京城，逼迫清廷与他们签约。被咸丰帝留下主持议和的恭亲王奕䜣与入侵者打交道，全北京城找不到一个懂英文、法文的人当翻译。奕䜣吃尽了苦头，语言方面受制于人，使他深感培养外语人才的必要。于是，旧话重提，按照郭嵩焘的思路，在同治元年上疏建议创立同文馆，得到批准。奕䜣不忘郭嵩焘倡导的功劳，在奏折中还提到了郭嵩焘的名字。

此后，郭嵩焘任两淮盐务使，与冯桂芬一起，筹建了上海广方言馆。他们的出发点是上海为洋人汇集之地，仿照京师同文馆举办此类学校，不仅可以培养外文翻译，还能引进西方天文、物理、机器制造等科技资料，对于中国的自强将大有裨益。这样，经李鸿章同意，上奏清廷准行。广方言馆章程十四条，就为郭嵩焘所拟。

在广东任巡抚期间，郭嵩焘筹建了广州同文馆。需要说明的是，广东的同文馆，从一开始就不只是学习外国语言文字。利用同文馆的开设，郭嵩焘网罗了不少洋务人才。南海人邹伯奇，在数学、物理、天文、地理、仪器制造方面都有研究，曾于道光二十四年（1844）发明摄影机。他的这项发明只比欧洲晚五年。郭嵩焘对邹伯奇的技能十分看重，特向朝廷推荐，请求将此人调入京师同文馆执教。同时被推荐的还有李善兰等九人。推荐得到朝廷的应允，遂令地方官送邹伯奇、李善兰到北京。邹伯奇厌恶官场，以疾辞，拒绝北上。李善兰到京后被任命为同文馆算学总教习，在那里执教十三年，为国家培养了大量人才。

这样，中国最早的三所外语学校，其中的京师同文馆最初起于郭嵩焘的建议，其余两所则由郭嵩焘筹办建成。

## 协助曾国藩筹建江南制造局

江南制造局的筹建过程是这样的：同治元年，郭嵩焘任苏松粮道，次年兼督松浙盐务和两淮盐运使，掌握着湘军和淮军的钱袋子。曾国藩和李鸿章想派人到外国去购置机械。郭嵩焘全力支持他们的想法。当时，接受出国购置机械任务的是容闳。

容闳在当时是一位传奇式的人物。他生在澳门，自幼在教会学校上学，学业未竟，随教他的美国教会教师去了美国。到美国后，他有机会进了耶鲁大学。毕业后回国，正赶上太平军举事，他去了香港。后回上海，在一家英国公司当书记员。公司派他调查全国茶叶产地的情况。在这个过程中，他有机会接触到了太平军的将领秦日昌。通过秦日昌，又认识了干王洪仁玕。容闳向太平天国陈"治国七策"，受到太平天国的重视，太平天国授予他"义字四等爵"。容闳不受，继续做公司的事，在太平军茶叶产地收得茶叶六万四千箱回到上海。不久他自己经营买卖。容闳的一系列举动受到曾国藩的注意，此时便派人找到容闳，请他为清廷效力。容闳同意了，并向曾国藩提出了创建机械厂的建议。曾国藩欣然同意，便给容闳全权，让他筹划。办厂需要机械，机械需要去美国购置。去美国购置涉及诸多方面的问题，这样的事情是有史以来第一遭，曾国藩一个人拿不定主意，便找郭嵩焘商量。郭嵩焘支持让容闳去美国办理。这样，容闳上了路。当时正值美国南北战争，容闳凭借自己曾入美国国籍的便利，加入了北方的军队，与美方周旋，最后，终于把所需的机械设备运回中国，最终建成了著名的江南制造局。

## 办理潮州英国人入城事

英国人入潮州的事是一件历史积案。按第二次鸦片战争中中国与英国签订的条约，潮州是新开商埠之一。1860年，英国驻汕头领事进潮州会晤地方官，为城中士民所阻，没能进得去。第二年，英国公使向总署提出抗议，清廷诏命广东督抚按条约办理。潮州绅民依然反对英人入城，督抚无可奈何，事情被拖了下来。同治四年（1865），英国人一再向总署催逼，并有挟制之词，清廷遂命两广总督瑞麟亲赴潮州"劝导"绅民，允英人入城。

开始，郭嵩焘并没有过问这件事。此时，郭嵩焘看到事情闹到这般地步，便着手加以解决。他认识到，潮州士民反对英国人入城必有原委，只有搞清楚原因，才能解决问题，于是派惠潮嘉道张铣等察访民情，如实汇报。张铣回禀说，潮州绅民有顾虑，害怕英国领事一入城，接下来就会有开商店、设关卡的举动。还怕英国人会在城内建造天主堂，冲了城里的风水，因此，坚决拒绝英国领事入城。郭嵩焘了解后，遂让张铣把这种情况转告英领事坚佐治。坚佐治表示，所举各事，都属多虑。这样，张铣随即召集潮州城中士绅多人，说明英方进城的人不会多，住的日子也不会长，以后不设关卡，不开商店，不立天主堂。为保证万无一失，张铣又刊刻告示一万余张，按户散发。

郭嵩焘考虑得倒也周密，但还是有一事被疏忽了：忘记了对潮州的官府作出交代。

英国领事进城，兴冲冲前往府衙。但府衙大门紧闭，没有人理会这位领事。这下子可惹恼了坚佐治，他理解成这是有意对他的戏弄。次日，他声明，他们不但要进城，还要在城内住一个月，并将自建公馆。城中百姓知道后大张揭帖，商贾全部罢市，人情激愤，大家移怨于张铣，斥责北京纵容洋人，扬言英国人敢建公馆，他们就敢烧。形势紧张，张铣对公众一面弹压，一面婉劝，同时施以诈术，对坚佐治说府县请见，让坚佐治上轿。等坚佐治上轿后，便让轿夫们急送坚佐治出城。沿街大乱，成千上万的民众拥上街头，辱骂的辱骂，抛石头的抛石头。坚佐治大怒，说张铣骗他入城受辱，遂向粤省督抚提出抗议照会，并照会总理衙门，措辞异常激烈。

清廷此前已准备撤销郭嵩焘巡抚职务，于是便责成瑞麟亲往查办。瑞麟上疏表示为难，朝廷遂命两淮盐运使丁日昌赶赴广东协助处理。

这时，解除郭嵩焘职务的上谕已经到达。但离任之前，郭嵩焘仍不放心潮州一案，遂传潮州绅士十余人到省城，连日接见，并向每人发通商条约一册。郭嵩焘向他们讲了两条道理：一、既已签约，就要履约、守信。二、条约经皇帝批准，履约就是遵旨。他还举例说，往日的叶名琛总督，拒绝洋人入城，以后闹了个省城失陷、身为夷虏的下场，事情才刚刚过了九年，潮州的百姓为什么还照叶名琛的老办法行事？经过郭嵩焘的开导，又继以丁日昌等的"劝喻"，潮州民众才同意英国人入城，避免了更大的危机。

## 用外交手段拘捕引渡太平天国森王侯玉田

用外交手段抓捕太平天国森王侯玉田，是郭嵩焘以广东巡抚的身份，多次向香港英国当局进行外交交涉，由港英当局对侯玉田实施拘捕，引渡给中方的。同治四年四月此案了结，这在当时的中国外交史上算得上是件大事。

对此郭嵩焘兴奋不已，说这是自己"办理洋务五十余年未有之创举"。

## 参与推进洋务运动的争论和斗争

同治十三年（1874），日本侵犯台湾，清政府被迫与日本签订条约，赔偿日本军费白银五十万两。鸦片战争以来，中国一再受到列强的欺凌，连小国日本也开始寻衅，这一局面令主管对外事务的总理衙门感受到巨大的压力，他们想以此为题目，对洋务问题进行讨论和总结。为此，奕诉等提出了练兵、简器、造船、筹饷、用人、持久六条措施，作为"图强"的总方针。慈禧皇太后对此极为重视，当天看罢奏折，即发寄李鸿章、李宗羲、沈葆桢、王文韶等十五名沿海滨江督抚大员，要他们阅读、商议，限期一个月奏复。

与此同时，原江苏巡抚丁日昌上奏，建议建立海军，并拟水师章程六条。慈禧皇太后看后同样重视，亦发各督抚要员"妥议"。一时间，各督抚要员手上都有了双"六条"。

这时，郭嵩焘复出，被任命为福建按察使尚未上任，正在京城，遂参加了讨论。郭嵩焘以福建按察使的身份给总理衙门上了一个很长的条陈，他提出了四点建议：第一，"明本末之序"。他的著名论断"西洋立国有本有末，其本在朝廷政教，其末在商贾、造船、制器，相辅以益其强"就是在这一条陈中提出来的。他认为"政教"是"本"，边防是"末"。第二，"急通官商之情"。他说西洋立国，重视商业，国家依靠商人发展贸易，税收是国家主要经济来源。国家制定大政方针时应该重视商人的利益，听取他们的意见，做到"声气相通"。第三，"通筹公私之利"。他指出，西方的通商口岸都派有兵船保护，商人也乐于出钱资助军队，商人的私利与国家的公利紧紧连在一起。他说洋人既以经商的方式与中国相交，中国也就应该以商业竞争迎接挑战。要向民众进行宣传，使人人都关心、参与洋务。第四，"兼顾水陆之防"。海防、塞防都很重要，不可偏废。

总理衙门收齐复奏后向慈禧皇太后报告。太后下旨："著派亲郡王会同大学士、六部、九卿悉心妥议，限一月内复奏。"

这回轮到亲王、郡王、大学士、六部、九卿等人表态了。结果大多数人表现消极。只是他们接受了倭仁的教训，言语方面变得和缓了。据翁同龢日记，大家的奏稿经过了反复推敲，没有明确表示建海军、开煤矿"皆在不可行之中"，但实质上并不赞成。

当年五月，总理衙门作了归纳总结，提出：第一，建立一支近代海军。先建北洋水师，以后陆续建立三洋水师。第二，塞防、海防并重。第三，陆续购买、自制洋枪洋炮。第四，节流开源。在磁州、台湾试行机器开采煤铁等矿。第五，同意开设洋学局、特科科举。此乃现有科举制的补充，并非"以洋学变科举"。但此事不可仓促举行，需一步步稳妥解决。第六，王家璧、于凌辰之议不足为信。王家璧"任意诋斥在议大臣"，尤其不当。

可以看到，总理衙门接受了李鸿章、郭嵩焘的若干建议。但他们的许多建议，特别是郭嵩焘的许多重要建议，并没有被总理衙门采纳。

当日，慈禧皇太后下旨，命李鸿章、沈葆桢分别督办北、南洋海防，左宗棠负责西北防务。同意继续购置洋枪洋炮，试开煤矿、铁矿。办洋学局，变通科举制，总理衙门对王、于二人的批评，上谕没有提及。

## 晚年赋闲继续涉足洋务

郭嵩焘从英法归来之后，国家的整个形势非但没有好转，反而面临更大的危险。俄国人在西北给中国制造麻烦，法国人在西南欲侵占越南，日本人在东南对台湾觊觎已久，蠢蠢欲动。国事的艰难，时局的逼迫，令忧国忧民的郭嵩焘难以置身事外。他由于宣传洋务受到攻击，费力不讨好。对此，郭嵩焘有清醒的认识，说自己是"悬的以资弹射"。朋友们劝他作罢，他难以听从。之所以如此，是基于这样的认识："所以谈者，欲使人稍知其节要，以保国有余。苟坐听其昏顽而已，不动兵则坐削，一旦动兵，必折而为印度，此何等关系，而可不言乎？"他借别人的话说，自己"愿身化稿荐，任人溲溺其上，终教人凭以安寝而已"。

晚年的郭嵩焘在三个方面继续涉足洋务。第一，继续进行宣传。回国后不久，郭嵩焘将自己多年来论及洋务的文字汇集、刊印，题名《罪言存略》，虽有点牢骚的意味，并说是给"一二至好"，但目的也还是让大家"通其蔽，以广其益"。随后，魏源的《海国图志》再版，郭嵩焘作《书〈海国图志〉后》，向世人推荐。另外就是通过与友人的书信往来，进行宣传。第二，积极参与湖南的洋务实践。他利用自己的影响，尝试在湖南兴办实业，曾就内河航运等作了筹划。第三，就国家的重大事变发表看法，施加影响。郭嵩焘第三次赋闲期间，中国先是与俄国人就新疆的伊犁归属问题发生纠葛，光绪十年开始，又与法国人就越南问题开战，光绪十五年，国内就修建铁路问题展开大的争论，如此等等，郭嵩焘利用自己与有关主事者的特殊关系，采用通信、撰文等方式，发表见解，施加影响。如对伊犁问题，他就多次给李鸿章以及支持与俄国人谈判的曾纪泽写了信。对越南问题，他也多次给李鸿章、曾国荃、彭玉麟等写了信。对修建铁路的问题，他不但给李鸿章多次写信，而且撰写了《铁路议》《铁路后议》等文。

## 第 4 章

# 作为首任驻外公使的外交实践及其意义

## 出使的缘由

### 清廷的思考和派员出国的尝试

中国门户的被打开，使总理衙门不得不考虑到"近来中国之虚实，外国无不洞悉，外国之情伪，中国一概茫然。其中隔阂之由，总因彼有使来，我无使往"。清廷认识到，中国人走向世界已经是大势所趋。同治五年（1866）春，担任中国总税务司的英籍赫德请假去欧洲旅行，他建议清政府派一个代表团跟他同行，去考察一下西方世界。清廷同意了这一建议，派斌椿率队前往。斌椿官职低，不是正式的使节，但毕竟中国的官派人员第一次走出了国门。第二年，美国驻华公使蒲安臣任期届满，离任前，他毛遂自荐，要求带一个中国代表团出国访问。清廷同意了这一建议，遂与蒲安臣相约，让他试办一年。这样，蒲安臣被聘为"办理中外交涉事务使臣"，率领一个包括一名英国人和一名法国人在内的"中国使团"，先后出访了日本、美国，然后去了欧洲，最后，蒲安臣在俄国死于"中国使团团长"的任上。有意思的是，到美国后，蒲安臣还以中国代表的身份发表了演讲，并代表中国与美国签订了《〈中美天津条约〉续增条约》。同治九年（1870）天津教案后，法国坚持要清政府派专使去"赔礼道歉"，清政府派三口通商大臣崇厚到法国去了一趟。

当时，英国、法国、俄国、美国等国的公使已经常驻北京。互派使节在外国京城常驻的理念，已经逐渐被清廷接受。

在这样的背景下，派使节常驻外国的事便提上了日程。

## 云南"马嘉理案"

同治十三年（1874），英国公使馆照会总理衙门，说将有一批英国官员由缅甸到云南游历，申请入境护照。另外，英使馆将派翻译马嘉理前往接应，请总理衙门函知各省协助。总理衙门签发了护照，并同意给翻译以方便。

马嘉理持有总理衙门的函件，一路通行顺利。进入云南，代理云贵总督岑毓英曾派文武官员二人护送。马嘉理越过中国与缅甸边境，入缅甸与英国有关人员会合。光绪元年（1875）正月马嘉理引英国人入境。入境"游历"的英国人实际上是一支探路队，其目的是打通从缅甸进入云南的通道。他们到达中缅边境时，缅甸政府派了一百五十名士兵护送。这样，探路队就成了一支近二百人的队伍。2月19日，马嘉理带领十名队员先行进入中国境内探路，其余人员在柏郎上校率领下随后进入中国境内。21日晨，马嘉理去迎接柏郎，走到户宋河时，与当地民众百余人发生冲突。马嘉理首先开枪打伤一名中国人，民众愤怒至极，遂将马嘉理及其随从四人当场打死。22日，随后赶到的柏郎大队人马在班西山遇到袭击。战斗中，中国方面死伤多人，探路队三人受伤。当天夜里，柏郎率众退回缅甸境内。这就是"马嘉理案"大体的过程。

对"马嘉理案"，当时主要有两种说法：一是当地的土著居民，即"野人"为了抢劫外国人的财物而引起。云贵总督岑毓英向清政府的报告就是这样讲的。二是云南地方官出于仇恨洋人而暗自组织的行动。人们认为，英国人先前曾利用杜文秀起义之机，图谋把云南从中国分裂出去，便出售军火给杜文秀，岑毓英因此仇视英国人。事件发生后，内地纷传岑毓英曾密令腾越厅都司李珍国伏兵截击英人入境。

清政府不想把一位总督牵入事中，竭力保护。

事发后，英国公使恼怒异常，与清廷交涉持强硬态度。清廷怕事态扩大，于光绪二年九月与英方签订《烟台条约》，规定中国赔款白银二十万两，开放宜昌、芜湖、温州、北海四处为通商口岸，等等。

与此同时，英方还提出一项要求，要清廷派出钦差大臣到英国去向英国国王赔礼道歉。清廷考虑，既然要派使臣去赔礼道歉，不如干脆让使节留在那里常驻。常驻与临时派一个人去赔礼道歉，性质与任务完全不同。这样的人员需要认真挑选。最后，选上了郭嵩焘。


## 赴　任


### 出使面临的严峻舆论环境

光绪元年（1875）十二月初四，郭嵩焘赶到京城，遂被诏命署兵部侍郎，在总理各国事务衙门当差。从官衔上来讲，陡然官升两级，更使他跃跃欲试。他完全忘记了前不久重新出山时家乡的县太爷那番善意的提醒，自己曾经"书绅以志之"的日记也忘掉了。初四到京，初八他就写了一份参劾岑毓英的奏折，递了上去。

郭嵩焘的奏折中首先论述礼宾问题，说各国之间应以礼相待。接着讲西洋可资取法者很多，士大夫不察不理，而且争相诋毁，以致屡生事端。随后，郭嵩焘笔锋一转，指向了岑毓英。他说马嘉理一案是岑毓英一手搞起来的，要求将岑毓英交部严议。

滇案发生，清廷力保岑毓英，京城官僚们的同情也全在岑毓英一面。郭嵩焘弹劾岑毓英的奏折一经传出，立刻引起一片哗然，郭嵩焘也遂成为众矢之的。外省大员也加进了倒郭的行列，力保岑毓英。他们纷纷指责郭嵩焘，说他"事事依附英人"，还指责他借机中伤中方人员，犹如"弦上之箭，不得不发"。

## 郭嵩焘萌生退意

外部世界强烈地吸引着郭嵩焘。他原本"激昂慷慨"，准备赴任。事情公开后，发生了许多让郭嵩焘意想不到的事。

朋友们知道后，认为郭嵩焘触了霉头，纷纷表示叹息，不少人出面劝阻，不让郭嵩焘接这种倒霉的差事。有一位好心的前辈用另外的方式劝阻。他给郭嵩焘算卦，看看出洋到底是吉是凶。算卦的结果是"大凶"。

一些不怀好意的人找到了攻击郭嵩焘的机会。有人编出一副对联骂他："出乎其类，拔乎其萃，不容于尧舜之世；未能事人，焉能事鬼，何必去父母之邦。"

这闹得满京城沸沸扬扬，"泛泛悠悠之口""无以谅之"。顷刻间，郭嵩焘成了罪不容诛之徒。

最让郭嵩焘感到寒心的，是他家乡父老的不谅解。郭嵩焘出洋的消息传到湖南，竟然群情激奋，一时间，好像自己家里出了败类，都表示难以容忍。

钦差大臣李瀚章奉命调查"滇案"有了结果，上奏说郭嵩焘参劾岑毓英各条"未有允当"。

朋友们的惋惜和不怀好意之人的攻击，家乡父老乡亲的不理解，特别是有关"滇案"对自己不利的结论，这些始料未及的梗阻，使他"知难而退"了。他记录自己当时的心情是："心绪恶劣，不堪名状，生平此景，亦云至矣。"他向朝廷提出病假申请，表示要回老家休养。

### 朝廷的鼓励和信任

清廷对第一次派使节常驻外国的工作是非常重视的。挑选了郭嵩焘也说明他们很有眼光。郭嵩焘进京后，慈禧皇太后立即召见。慈禧皇太后问了许多有关洋务的问题，特别问了"滇案"的情况。同时，皇太后对当时日本在朝鲜的寻衅表示忧虑。

由于上疏讲"滇案"，郭嵩焘招致了许多人的攻击。不过当时他还没有因此而心灰意懒，依然是向两位皇太后讲明了自己有关洋务的主张，并特意向两位皇太后说明了他一贯坚持的"战无了局"的思想。他从日本问题入手，说日本一意学习西法，意在兼并，而西洋各国逼高丽通商，势必暗中怂恿日本攻打高丽。此后便进入主旨，说外国意在通商牟利，对于这些人，中国不可先存猜嫌之心，而应该探求应对之法。不然，他们就会抓住某事进行要挟，而一回要挟，我们即伤一回元气。那么，应对之法是什么？郭嵩焘说，首先要审度事理，然后随机应变，以理争之，以理折之。他进而解释洋人的脾性，说洋人好胜，办事快便，辩论有制断。若能知彼，未尝不能使彼就范。

后来，郭嵩焘有了退意，慈禧皇太后又立即出面做工作，第二次召见郭嵩焘。与往日一样，慈安、慈禧两位皇太后一起出面，由慈禧皇太后主讲。

郭嵩焘是以病为由提出辞呈的。慈禧皇太后首先问了郭嵩焘的病。郭嵩焘借题发挥，说：自己患有多种病症，且年近六十岁了，实在难以接受出洋的使命。他解释说，蒙受皇恩，原本是打算履命的，但后来因为云南的案子闹得不可开交，致使病情加重，且病势日深，勉强去了，恐怕不支，届时辜负天恩，不如如今先辞。

听了这话，慈禧皇太后立即表示："此时万不可辞。"慈禧皇太后接着说，你平日公忠体国，我们是知道的。现在国家艰难，你需为国家着想。有人说你的闲话，你不要管他。他们都是局外人，全不顾事理，随便讲，管他做什么！

慈禧皇太后接下来的话打动了郭嵩焘："现兵饷两绌，何能复开边衅？你就只一味替国家办事，不要管那些闲话，横竖皇上是了解你的心思的。这次出洋本是极苦的差事，别人都不能任的。况且前已派定，此时若换别人，又恐招出洋人的许多议论来。"这时，慈安皇太后也说："是呀，这艰苦的差事须由你来承担了。"

两位皇太后态度诚恳，还特别讲出了"现兵饷两绌，何能复开边衅"这样交底的话，这使郭嵩焘事先准备好的请辞的话，"竟是不能说，惟能感激禀遵而已"。

郭嵩焘临行之前，慈安、慈禧两位皇太后再次召见他作最后的叮嘱。同被召见的还有副使刘锡鸿。两位皇太后着重讲了以下几点：一、要郭嵩焘"当为国家任劳任怨"；二、要郭嵩焘和刘锡鸿一起把事情办好，和衷共济；三、此一去的主要任务是"到英国一切当详悉考究"；四、管教下属，不可滋事。最后，继续做郭嵩焘的工作，说："汝心事朝廷自能体谅，不可轻听外人言语。他们原不知甚么。"

皇太后话虽不多，但都讲到了要害处。一、"当为国家任劳任怨"。这对郭嵩焘来讲很有针对性——其弱点是自尊心强，可以任劳，但不能任怨。二、和衷共济。太后大概清楚许许多多的地方和部门正副职闹别扭的毛病，先打了预防针。事实证明，郭嵩焘和刘锡鸿谁也没有记住皇太后的嘱咐，最后两个人闹得不可开交。三、详悉考究洋情。皇太后抓住了这次派出使节的关键：了解外部世界。这一点最合郭嵩焘的意，他去后也做得最好。

## 毅然赴任

两位皇太后召见后，郭嵩焘意识到，"数万里程途避而不任，更有艰巨，谁与任之"？他不能够再辞了。既然决心出洋，那就毅然而行。这是郭嵩焘的本性。

在郭嵩焘准备启程的 8 月 17 日，他的家乡发生了他意想不到的事。当日，参加乡试的考生在玉泉山集会，声讨郭嵩焘。会上，有人无中生有说，由郭嵩焘在家乡赋闲期间创修的上林寺里住有洋人，他们是经郭嵩焘勾引到湖南来传教的。众人被激怒，一些失去理智的文人学士闯进寺内，竟然放火烧寺，寺内的西枝和尚只好逃之夭夭。后来，考生们说郭家把西枝和尚藏了起来，于是，将索要西枝和尚的榜文贴到郭宅的门上，并扬言要砸郭嵩焘家，吓得郭家的老小战战兢兢。

这事传到郭嵩焘的耳朵里，令他伤心不已。但他不再退缩了，决心整装赴任。

### 开始走向世界的航程

光绪二年（1876）八月，为适应向外派出常驻使节的新形势，总理衙门奏准出使经费、任期诸事项，其中规定，一二品大员出使常驻，月薪白银一千二百两，任期三年。所带参赞、领事、翻译等人数，由公使斟定，报总理衙门核准。同时规定，公使到任后，大凡重大事件，需及时报总理衙门，由总理衙门转奏朝廷，然后下达指令。

郭嵩焘所组织的班子共十五人，其中有：郭嵩焘及如夫人梁氏，副使刘锡鸿，参赞黎庶昌，翻译官张德彝（**本名德明**）和凤仪，英国人马格里与禧在明，以及随员刘孚翊、张斯枸、姚岳望等。

副使刘锡鸿，曾在郭嵩焘任广东巡抚时手下工作。后到京城任刑部员外郎。张德彝和凤仪是同文馆培养出来的高才生。其中的张德彝已经有多年的外交实践经验。他聪明好学，懂英语、法语、俄语、拉丁语四种外国语，又会西洋手语。他曾于同治五年（1866）随斌椿、赫德游历欧洲，同治七年至八年随蒲安臣使团访问了英、美、法国。马格里原在天津充当淮军教习，精通中文，郭嵩焘奉调回京路过天津时，由李鸿章介绍与郭嵩焘相识。马格里毛遂自荐，愿意充当郭嵩焘使团的英文参赞。郭嵩焘表示赞成。禧在明是马格里带来的人。这样，中国驻英公使馆的班子内，便有了两名英国人任职。

光绪二年九月二十五日，郭嵩焘率领他的建馆班子离开京城。

他们到达上海后，于十月十七日登上一艘英国轮船，开始了"七万里"的征程。

一艘外国船，船上又多是外国人，郭嵩焘等实际上已经置身于西洋世界。一登上这艘船，郭嵩焘立即发现环境和气氛与国内大不相同，船上窗明几净，没有人随地吐痰，饭桌上没有人咳嗽、喧闹。郭嵩焘随即下令，所有人员一定要注意自己的仪表，首先要做到说话把声音放低，不许随地吐痰，等等。他本人则处处注意自己的言行举止，注意作为中国钦差应有的风度。这赢得了全船人员的敬重。

## 《使西纪程》惹风波

郭嵩焘离开京城前，总理衙门曾奏请皇上饬令出使大臣将对外交涉事件、各地风土人情、政治、经济等情况，详细记载，随时咨送国内。郭嵩焘按此要求，从上海启程之日起，不顾海上颠簸和种种病痛，坚持天天写日记。到达伦敦后，他把光绪二年十月十七日从上海登船到十二月初八五十一天的日记整理成册，题为《使西纪程》，邮寄回国。

《使西纪程》主要记了：一、沿途地理方面的知识。为了丰富人们的知识，纠正偏见，郭嵩焘把沿途经过的十八个国家的经纬度、气候、居民信仰等方面的情况作了详细的记录。如他标明越南信奉儒教，暹罗（泰国）信奉佛教，波斯、土耳其等国信奉回教，法兰西、意大利等国信奉天主教，等等。他甚至还记录了美、俄、德、法、英、葡、比、西等十七国的国旗式样，目的是"存此以备他日考定旗式之一助"。二、特别重视迥然不同于中国的外部世界的种种特点。如在新加坡，他曾在总督的陪同下参观了当地的炮台，所见炮台配有大炮、火药库、巨型望远镜，他把详情记下，并议论："其制度规模与中国炮台绝异。兵有炮兵，有步队，步队习洋枪以辅炮兵"。在波斯湾，他见到数百船只进出港口，秩序井然。听说各国航船都有规定的班次，每年定出计划，郭嵩焘记下了自己的感受："条理之繁密乃至如此"。三、发生在外部世界的重大事件。途中，他从英国《泰晤士报》看到，英国人于1874年4月至1876年6月对北极进行了探险。报上说，北极"皆冰海"，探险队凿冰为道，在那里"凡行两月余，不见日者一百四十余日"，死四，冻伤数人，仍没能走遍北极。他看了《波赛日报》的报道，说土耳其"大改国政"，按西方的模式设立议会，厘定法律。在苏伊士运河两岸，他第一次看到了"开河机器"，惊叹其构造之巧妙，并详细记录下来。他的日记饱含着对时局的深深忧虑，表现了顽强的探索精神。

我们查到，郭嵩焘到达伦敦为了报送总理衙门而抄录自己的日记时，在十一月十三日、十八日和十二月初六都临时分别加上了一段评论。其中十一月十三日加议："英人谋国之利，上下一心，宣其沛然以兴也。"十一月十八日加上的评论有这样的话："西洋立国两千年，政教修明"，他们来中国，"惟务通商而已"，对于洋人，讲究"处理之方……不得以和论"。他指出，"无故悬一'和'字以为劫持朝廷之资"是要不得的。

十二月初六原有日记只有二百字，抄稿加到七百字，加了大段议论，其中有这样的话：

> 西洋以智力相胜，垂两千年……近年英、法、俄、美、德诸大国角立称雄，创为万国公法，以信义相先，尤重邦交之谊，致情尽礼，质有其文，视春秋列国殆远胜之。

> 俄罗斯、英吉利……足称二霸，而环中国通处以相窥伺，高掌远跖，鹰扬虎视，以日廓其富强之

基，而绝不一逞兵纵暴，以掠夺为心。其构兵中国，犹展转据理争辩，持重而后发。此岂中国高谈阔论，虚骄以自张大时哉？

西洋立国自有本末，诚得其道，则相辅以致富强，由此而保国千年可也。不得其道，其祸亦反是……

从这些评论中我们看到，他似乎预感到了某些人的挑刺，预先说，由于情势的变化，现今处理洋务讲究"和"的时候，国人是不应该以往日的老皇历看问题的，那种动不动就把一顶投降派的帽子加在人们脑袋上的做法，实在是为害不浅的。

《使西纪程》起初受到总理衙门的肯定，把它刊印出来，供人们参阅。可这一来惊扰了士大夫们的酣梦。有人说郭嵩焘日记中"极意夸饰，大率谓其法度严明，仁义兼至，富强未艾，寰海归心"，说"凡有血气者，无不切齿"，骂郭嵩焘"诚不知是何肺肝，而为之刻者又何心也"。

态度最激烈的是编修何金寿，他上疏弹劾郭嵩焘，认为郭嵩焘那"不得以和论"实乃此地无银三百两，于是，抓住这句话不放，无限上纲，攻击郭嵩焘"有二心于英国，欲中国臣事之"。

原本总理衙门对《使西纪程》的看法就不统一，现时，总理衙门领导成员、大学士李鸿藻也"大为不平，逢人诋毁"。

在这样的情况之下，总理衙门立即下令将《使西纪程》销毁。

风波并未因此而平息。翰林院侍讲张佩纶又上奏，要求朝廷将郭嵩焘撤职调回。好在清廷顶住了这一压力，并没有把郭嵩焘调回来。

李鸿章也在支持郭嵩焘，说："筠仙虽有呆气，而洋务确有见地，不谓丛谤如此之甚，若达官贵人皆引为鉴戒，中土必无振兴之期，日后更无自存之法，可为寒心。"

## 开　馆

### 立戒

光绪三年（1877）十月十七日晚，郭嵩焘一行到达伦敦。禧在明先期到达，与在英国休假的中国总税务司赫德以及总税务司驻英国代表金登干等，到南安普敦港把郭嵩焘等接到伦敦。

公使馆的地址是波克伦伯里斯四十五号。这是一处四层楼的建筑，此后，中国使馆在此久驻。

1877 年 1 月 23 日，郭嵩焘偕刘锡鸿、张德彝、马格里到英国外交部拜会了外交大臣德尔比。英国驻中国公使威妥玛已先期回伦敦，见时在座。

当晚，郭嵩焘召集使馆所有人员，约法五章："一戒吸食洋烟，二戒嫖，三戒赌，四戒出外游荡，五戒口角喧嚷。"郭嵩焘把此五戒比作摩西之十戒，说是"中国出使西洋立教之祖"。

## 向英国女王呈递国书

照国际惯例，使节递交国书之后方可开展活动。见英国外交大臣的翌日，郭嵩焘即照会英国外交部，商觐见女王、呈递国书事。可郭嵩焘带去的国书出现了差错。郭嵩焘使英，有两项使命，一是就"马嘉理事件"道歉，二是常驻。由于中国初派使节，不了解这方面的基本知识，所带的国书只有惋惜"滇案"的内容，而不是一件公使驻节的文书。另外，所携文书中也没有列出刘锡鸿副使的名分。这样，按照老规矩，这是不能够作为正式国书呈递的。好在英方对此作了通融，不能不说是一种友好姿态：此国书仍可呈递，尔后再由中国政府补一正式国书过来，重新呈递。此国书中刘锡鸿虽无副使之名，也可承认，呈递国书时可随同觐见女王。

这样，1877 年 2 月 7 日下午，郭嵩焘率刘锡鸿参加了觐见英国女王维多利亚、第一次呈递国书的仪式。

当日见英国女王、呈递国书的过程，郭嵩焘在日记中作了详细记述。说女王身穿一件黑色的衣裙，举止优雅大方。见到女王后，郭嵩焘行鞠躬礼，女王亦鞠躬还礼。郭嵩焘凡三鞠躬到了女王身前。翻译官德明把国书递给郭嵩焘，郭嵩焘照本宣科，由马格里译成英语。

女王听完诵词，说："此次远来，为通两国之谊，庶期永保和好。"又问："中国大皇帝可好？"郭嵩焘应酬后提出："既接受大皇帝国书，亦当有书回致。"女王作了肯定的回答后，郭嵩焘再鞠躬而退，整个仪式结束。

一位身穿大清官服、拖着一条辫子的中国二品大员，行的却是洋礼，整个场面一定滑稽可笑。但英方反映良好，说明郭嵩焘的整个言行是得体的。

这里有一个插曲。觐见时郭嵩焘按什么规矩向女王行礼，当时是一个敏感的问题。乾隆时期，英国派马戛尔尼出使中国，关于行什么样的觐见礼的问题，是照英国人的鞠躬礼行礼呢，还是照中国的礼节，行三跪九叩礼，曾闹得不可开交。此后，第一次和第二次鸦片战争期间，外国人要求面见中国皇帝，中方竭力规避，本质上依然是见面时行什么样的礼的问题。中国皇帝知道外国人不会三跪九叩，而接受鞠躬礼又认为不成体统，故而规避。现在，行什么样的礼的问题，摆在了中国使臣的面前。

英方尽管在呈递国书等方面表现了友好姿态，态度明朗，但在这一问题的处理过程中，其态度却表现得暧昧难解。当郭嵩焘派人向英方就此进行联系时，英方都含糊其词。问威妥玛，威妥玛"答以不知"。问外交大臣，回答说"与各国公使一律"。或许是英国人要中国公使自作主张，或许还想出出郭嵩焘的洋相，希望看到中国的这位首任公使见女王时三跪九叩的场景。好在郭嵩焘在国内曾就此事问过蒲安臣使团的成员，又了解过崇厚出使的情况，所以见女王时行了鞠躬礼。

呈递正式国书的时间是1877年12月12日，地点是温莎行宫。郭嵩焘是当日被接见的三国公使之一。这次国书补上了这样的词句："中国大皇帝遣派公使驻扎伦敦，补递国书，恭呈大君主鉴收。"国书讲明郭嵩焘以兵部左侍郎的身份，为钦差出使大臣，驻扎英国都城。这样，郭嵩焘有了明确的身份，随后积极地开始了工作。

光绪四年（1878）三月十八日，郭嵩焘接到了兼任法国公使的上谕。这项任命他先于二月十日从税务司赫德的电报中已经知晓。接到正式任命后，郭嵩焘照会英国外交部与法国驻英公使，商讨去法国建馆事。张德彝先赴巴黎作准备。公使馆设于巴黎罗马王街二十七号。郭嵩焘到后，于1878

年5月6日率张德彝、马建忠等向法国总统麦克马洪呈递国书。法总统免冠而立，左右侍从十余人。郭嵩焘行前鞠躬，宣读诵词，法国总统宣读答词，都由马建忠翻译。最后郭嵩焘与法国总统互相鞠躬而退，完成仪式。

此后，郭嵩焘即来往于伦敦与巴黎之间。

# 履　命

## 办理交涉

使命感的驱使，新奇世界的吸引，使郭嵩焘不知老之将至，总是把日程安排得满满的。

办理交涉是公使的第一位的任务。几年当中，郭嵩焘办理的交涉主要有：

### 1. 处理"马嘉理事件"遗留问题

主要是要求英国方面尽快批准因此事件而订立的《烟台条约》。但由于英方的利益未能得到满足，换约的事直到郭嵩焘使英任满也未能办成。

### 2. 交涉设立领事馆

在去英国的路上，郭嵩焘经过新加坡，看到那里有不少的中国人，到英国后，遂有了在新加坡设立领事馆的建议。

建议经清政府同意，由郭嵩焘与英方交涉，新加坡领事馆于光绪四年（1878）开馆。这是中国在国外设立的第一个领事馆。

### 3. 交涉江西盐船被英国太古轮船公司"悖信"号撞沉案

1875 年 11 月 6 日，我国一私商船只在长江被英国太古轮船公司"悖信"号撞沉。事发后，上海英国按察司曾断令"悖信"号赔银一万两。英商不服，声言要回国上告，实则躲避赔偿，妄图不了了之。经郭嵩焘与英国外交部交涉，最后还是按上海英租界按察司的意见进行了处理。

### 4. 交涉镇江趸船案

这是一项积案。1873 年英商太古商行报请中国海关同意，将一艘趸船在镇江英国租界对面停泊。后来，由于该行在此船停泊处擅自造桥、栽桩托架，造成江岸坍塌。中国方面要求英方将此船移泊，以便核查，遭到拒绝。英国外交部开始也支持太古商行的无理态度。后经郭嵩焘循法据理反复交涉，才得以解决。

### 5. 交涉厦门怡记洋行商人枪杀中国渔民案

1876 年，厦门怡记洋行商人枪杀当地渔民二人。中国当局照会英国厦门领事，要求处理，英方借口杀人者并非英国人而妄图逃避责任。此案驻英公使馆接受办理后，经郭嵩焘反复交涉，虽最后未能达到惩办凶手的目的，但替死难者争得一笔可观的抚恤费。

### 6. 交涉英船华工案

1878 年 7 月，英船"拉多丽"号雇用的闽粤华工七人因遭到船主的虐待欺负要求辞职，船主不允，并拒发所欠薪水。华工向公使馆求救，经郭嵩焘派馆员与英国政府多次交涉，得以妥善解决。

### 7. 交涉"域多利"华人免税案

"域多利"是英属加拿大城市，曾苛派华侨税收每人每年白银四十两，经郭嵩焘与英方交涉，使英方作出裁定，域多利当局遂同意免交。

### 8. 武汉教案

光绪三年（1877）六月初一，两名英国传教士与武汉参加乡试的读书人发生冲突，最后英国传教士被打伤。此事理亏在我方。案发后一个月地方官署才将肇事的两名中国人逮捕，引起汉口英国领事的抗议，遂造成中英两国间的争执。英驻华代办要求英国内就此案与中国驻英公使馆交涉。郭嵩焘向国内询问案情后向英方表示了歉意，拒绝了英方逮捕更多肇事人的要求，说此纯系一偶发事件，并无预谋。如此情理兼顾，毫不回避，英方遂了此案。

## 9. 乌石山教案

乌石山是福州附近的一个山镇，同治初年英国传教士胡约翰买得一块土地建造了教堂，同治十年之后更渐次圈占山地，加筑垣墙，引起当地百姓的不满。光绪三年，当地乡绅提出了控告，后胡约翰继续侵占公地以建房屋，终与当地绅民发生冲突。民众愤怒之余，一把火烧毁了教堂和胡约翰的房屋。

英国领事随即将事件分别报告京城使馆与伦敦外交部。英国外相索尔兹伯里于 1878 年 10 月 20 日照会郭嵩焘。英国的照会强调此一事件为反教事件。郭嵩焘了解内情后则向英方强调，事件由胡约翰侵占土地所引起，是一个法律问题，与反教无涉。郭嵩焘为此见英国外相索尔兹伯里，讲明胡约翰不近情理，无视法律，以致引发烧毁教堂事件，肇因绝非当地百姓反教。郭嵩焘随后把《乌石山案纪实》的文件交给索尔兹伯里，以免英国政府偏听传教士的一面之词。不久，郭嵩焘再次见索尔兹伯里，强调此案应该用法律解决。百姓烧毁教堂，地方官已奏请查办，而传教士之不守法也不能无视。郭嵩焘还借机向英国外相申论一般教案之症结所在，说："滋事约有二节：习教者既凭借教士之力，滋扰百姓；教士又凭借国家保护之力，遇事多所过为，如乌石山之侵占营建，亦其一端也。"索尔兹伯里听后表示不再谈此事。

在国内休假的英国驻华公使威妥玛在郭嵩焘据理依法说明之下，也表示理解中方的立场。此案最终依法解决。

### 10. 新疆喀什噶尔案

在郭嵩焘所办的案件中，案情最为复杂、政策性最强的案件，就属此案。

同治年中期，新疆各地发生了一系列反清武装叛乱。这些叛乱动摇了清朝在新疆的统治，在新疆地区一度出现几个割据政权。就在这时，英国和俄国插手进来。1853～1856年间，英国和俄国之间为争夺巴尔干半岛发生了克里米亚战争，英俄矛盾加剧。俄国占领中亚的几个汗国，合并为土耳其斯坦省，以此为依托，加紧向我国的新疆渗透。英国则支持处于新疆和土耳其斯坦省之间的浩罕汗国抵制俄国人。

同治四年（1865）夏，新疆原塔什米力克（今疏附县南）行政长官思的克，率部攻入喀什噶尔等城，遭到当地维吾尔族人民的顽强抵抗。久攻不下，思的克便派人向浩罕汗国求援。在英国人的支持下，浩罕汗国派军官阿古柏率领军队于次年年初进入南疆。到同治六年，阿古柏击败了喀什噶尔的大小军事集团，宣布建立"七城汗国"，自立为王。

阿古柏的行动给英国人介入新疆事务提供了机会。同治八年，英国驻克什米尔专员罗伯特·沙敖乔装商人进入新疆，送给阿古柏一批步枪，作为交换条件，阿古柏则表示愿为英国女王的臣属。这样，在英国的支持下，阿古柏有恃无恐，乘势东进，相继攻下库尔勒、喀喇沙尔、吐鲁番，占领了除哈密以外的天山南麓广大地区。

当英国借阿古柏的势力在南疆频繁活动的时候，俄国则乘机加紧进犯北疆。同治十年，俄国出兵攻占伊犁。俄国驻华公使向总理衙门通知这一行动时，说是因清政府一时无力镇压叛乱，代为"收复"，俟清军平定新疆后，即刻交还。

新疆地区的局势使清政府深感不安，俄军侵占伊犁后，清政府更觉事态严重，便派员与俄国谈判，收回被占领土。

郭嵩焘刚刚到达伦敦，回国述职的英国驻华公使威妥玛就找到郭嵩焘谈新疆问题。威妥玛以调停人的身份，劝说中国停止对阿古柏的进攻，说这样做对中国大有好处，既可节省兵费，又可避免俄国借口新疆没有恢复秩序，拒绝交还伊犁。威妥玛还引证中亚诸汗国的历史，说这些小国旋起旋灭，阿古柏政权也是一样，十年八年自生自灭，届时那里还是中国的。

1877 年 5 月，阿古柏派赛尔德辗转抵达伦敦。赛尔德一再托人引介，谋求与郭嵩焘会见，屡遭拒绝。这时，正值俄土战争爆发，英国政府为了削弱俄国在新疆的势力，保全阿古柏政权更为必要。于是，悍然向喀什噶尔派出公使。这就意味着对阿古柏政权的外交承认。郭嵩焘从报纸上看到这一消息后，立即向英国政府提出抗议。6月15日，郭嵩焘照会英国外交大臣德尔贝，严正声明，喀什噶尔为中国领土，阿古柏为叛匪，英国派出公使，无异于帮阿古柏立国，要求将所谓公使撤回。英国外交部理屈词穷，却不甘收回成命，随后通过马格里等人斡旋。

6月22日，威妥玛再约郭嵩焘谈喀什噶尔事。郭嵩焘已经看到英国政府急于保全阿古柏政权的动向，答复威妥玛说：没有接到北京训令，不明总理衙门态度，不能擅自表态，自己所能够做的，仅能把赛尔德所拟和谈方案，由英国外交部转交，报总理衙门。但与此同时，郭嵩焘向威妥玛提出四点个人意见，可作谈判之基础：（一）阿古柏政权臣属中国。（二）阿古柏将所据南疆七城归还清军数城。（三）阿古柏协同清军平息北疆之乱。（四）英国担保阿古柏此后不再滋事。

这之后，在威妥玛一再要求、撮合下，郭嵩焘见了赛尔德。

7月7日英国外交大臣德尔贝就喀什噶尔事照会郭嵩焘，提出三条：（一）阿古柏所据之国，可以全归其管辖，以中国为上国，命使臣入贡。（二）中国与阿古柏划清地界。（三）议和后双方互不侵犯。

正当郭嵩焘与英国政府在伦敦交涉时，新疆战场局势急转。4月间，阿古柏溃退到库尔勒，5月25日绝望自杀。由于新疆没有电讯设施，伦敦还不知道这一消息，交涉仍在进行之中。英国政府玩弄手段，故意将郭嵩焘所提四条泄露，并假说郭嵩焘有言，与阿古柏议和之事，北京定能批准，意在逼清政府就范。郭嵩焘知道后，遂致书德尔贝严正辟谣。

这时，郭嵩焘向清政府详细报告交涉经过，解释自己所拟四条的缘由。

郭嵩焘与英方在伦敦的谈判，处于极为不利的客观环境之中。早在1871年，上海至伦敦的电报线路就已接通，英国政府与驻华公使之间的联络，通过电报通达无阻。而郭嵩焘给清政府的报告，须由轮船邮转，要两个多月才能到达。清政府有指令下达至伦敦，又要两个月。

有关阿古柏的死讯，英国政府早已经知晓。而郭嵩焘只能够在1877年7月16日的《泰晤士报》上得知。赛尔德生怕郭嵩焘确认这一消息后改变态度，便通过中间人告诉郭嵩焘，有关阿古柏之死的报道纯系谣言。郭嵩焘难辨真假，焦急万分，急报清政府："如幸西路军务成功有日"，过去自己的建议一概"可置不论"，西北方面是"剿"是"抚"，全听左宗棠的意见。9月23日，英国驻华临时代办傅磊士照会总理衙门，要求接受英国提出的调停方案，总理衙门答一切"由左宗棠酌核办理"，拒绝了英方的要求。12月18日清军收复了喀什噶尔，次年收复了除伊犁地区以外的新疆全部领土。

综上所述，在喀什噶尔案中，郭嵩焘对英国肆意干涉中国内政、支持阿古柏政权的恶劣行径进行了斗争，坚持了喀什噶尔的主权。尽管与左宗棠为冤家，但关系到国家的根本利益时，郭嵩焘能够抛弃前嫌，以大局为重，是值得肯定的。但在事件处理过程中也有严重失误。

第一，威妥玛找郭嵩焘谈喀什噶尔问题，实质是开辟一谈判渠道。郭嵩焘身处伦敦，与政府远隔万里，在通信极端困难、耗时绵长的情况下，本身处于不利地位。事关重大，战场形势瞬息万变，要不要这一谈判渠道，需要认真斟酌。郭嵩焘不经请示批准，就与对方开谈，是不应该的。

第二，未经政府授权，就如此重大问题向对方提出个人解决问题的"四条"，是不应该的。

第三，尽管先时多次拒见阿古柏派出的赛尔德，但最后还是见了。作为驻外公使，见一位叛乱者的使者，是不妥的。

除这些案件外，郭嵩焘一项经常性的工作，就是为李鸿章购买英国武器设备、为组织照顾派遣到英国学习军事的人员和留学生而奔忙。他必须经常跑炮厂、船厂，并不断地了解英国军事方面的新动向，向李鸿章及时通报。

## 自觉融入国际社会

实际上，自从在上海登上那艘英国轮船开始，郭嵩焘已经自觉地把自己和他所领导的班子融入了国际社会。到伦敦之后，郭嵩焘继续这种融入的努力。他见英国女王的种种举止，最明显不过地说明了这一点。

必须讲明，郭嵩焘融入国际社会的种种行动，都带有自觉的意识。可以说，西方社会整体上来说，对郭嵩焘有着巨大的吸引力。他进入这样的一个社会，感到处处新鲜、有趣，精神上获得了巨大的愉悦。但是，也有让他感到头疼的方面。郭嵩焘是一个性情中人，在国内，他为人处世，总是由着自己的性子来，很少迁就敷衍。但到了使馆，凡是遇到自己不喜欢做的事，他总是从融入国际社会这一大局出发，硬着头皮来做，从不任性。光绪三年三月某一天，一位英国朋友邀请郭嵩焘看戏。当日看戏回来，郭嵩焘日记中记下这样的一段话："生平不喜戏局，三十年未一临观。至伦敦以友朋邀请，五至戏馆。此邦君民相为嬉游，借此酬应，不能相拒，意甚苦之。"

郭嵩焘自觉融入国际社会有以下种种举动：

## 1. 外交文书纪日采用西历

对中国人来说，千百年来，纪年均用皇帝年号或干支，纪日用农历，不但是一种规定，也是一种习惯。在中国的地盘上这不会出现任何问题。但到了西洋，应该怎么办？国内对这一问题考虑不到，因此也没有作出规定。郭嵩焘自作主张，大凡对外的文书，纪日纪年，他都采用了西历，有时兼注中历。他在馆内的活动，依然用中历，做到了内外有别。

## 2. 不断学习，以免落伍、失礼、误事

郭嵩焘进入国际社会，既没有陈规可循，又没有现成的章程可遵，他获取知识，只有靠自己的勤奋，靠向知情者询问。遍查他的日记，询某某，某某告，这样的字眼俯拾皆是。使团中有一个英国人马格里，尽管郭嵩焘对其工作不甚满意，但他从马格里那里了解的事情最多。

所谓入乡问俗，郭嵩焘到达伦敦的第四天，了解到：英国君主宫殿分两处，一处是圣全姆燮司巴雷司（**圣詹姆士宫**），他记录说"是为正朝"；一处是相金噶姆巴雷司（**白金汉宫**），他记录说此是"便殿私朝"。"正朝必朝服，私朝常服可也。"

郭嵩焘很注意向同行们学习。他到使馆不久，拜见各国公使，见日本公使时，询问英方各部首脑是不是都应该拜会。日本公使告诉他，不但应该拜会，而且应该尽快拜会，

"过三日则为不恭"。这样，郭嵩焘便赶紧安排，遂第一个拜会了首相毕根士。光绪四年三月，英国首相沙乃斯白里会见各国公使。各国公使按期到达，且朝服佩刀。郭嵩焘感到奇怪，问日本公使："亦曾遇此礼乎?"回答说："没有。"问何以知朝服，日本公使说："前任移交有案，检查始知之。"郭嵩焘没有前任，不曾有人就此做过交接，无案可查，出了洋相。沙乃斯白里逐个接见各国公使。郭嵩焘看见各公使皆数语即出，等轮到他时，对未及朝服表示了歉意。沙乃斯白里用一句幽默的话打了圆场："中国衣冠吾亦不能辨也。"

从此，郭嵩焘更加用心学习。

### 3. 礼仪入乡随俗

身居异邦，礼仪是一个大问题。郭嵩焘的做法是入乡随俗。他学会了与人见面时行握手礼。他也接受了对女性表示尊重的种种礼节，冲破了中国"男女授受不亲"的教条。一次，他被邀请参加宴会，有几位英国妇女同席。人们将他介绍给她们后，他居然敢于仿照西方习惯，与其中的宣摩尔夫人挽手入席，相向对坐，席间与这位夫人话语殷殷，谈得很投机。当天的日记中，他特别注明："此洋礼也。"

觐见英国女王施礼的问题，我们已经介绍过了。他对这方面的知识一直非常用心，注意学习。1877年1月，郭嵩焘见到了另外一种场面：英国女王表彰有功人员，各国使节在座。郭嵩焘看见不少英国人向女王行一种礼：一条腿跪下，双手捧女王之手，以嘴亲之。他问马格里这是一种什么样的礼节。马格里告诉他："此初见之礼。"后来，他又看到，有人一条腿跪在了女王面前，女王取侍卫所呈之剑，先加之其右肩，次加其左肩。他又问马格里。后者告诉他："初受宝星有此礼。始跪时犹称密思得（Mister），一加宝剑其肩，起则名色克（Sir）。""宝星"就是勋章。郭嵩焘在日记中记下，并注明："密思得，译言先生，官人通词也。色克，犹中国之称大人。"礼仪方面，他又增长了知识。

入乡随俗原则的实行，郭嵩焘也扩大到"内礼"。光绪四年十二月，崇厚作为钦差大臣前往俄国谈判收回伊犁问题，途经巴黎。钦差过境，迎候者需要行三跪九叩礼"恭请圣安"。总理衙门命郭嵩焘率部恭迎。郭嵩焘提前赶到巴黎。崇厚原要求郭嵩焘到车站跪迎。郭嵩焘认为中国礼节行之外洋不妥，能心中尽礼即可。再加车站人如蚁聚，车马丛杂，既无喝止行人之权，亦无望阙叩头之地。要求变通，在使馆"恭设香案候之"。崇厚大发雷霆，传令要郭嵩焘到他下榻的馆舍"跪安"。郭嵩焘再三解释，说给皇帝叩头，在使馆内与客栈是一样的。崇厚执意不听，到底强逼着郭嵩焘到崇厚处叩头了事。郭嵩焘不服，在日记中记述："细求其义，鄙人实无错处，错处皆在彼也。"

## 4.学习卫生知识，身体力行

中国人讲养生，但缺少近代卫生知识，甚至也还有一些不讲卫生的陋习。学习洋人讲究卫生，养成良好的卫生习惯，是郭嵩焘自觉追求的一个目标。从在上海登上外轮的那一天起，他就向随从提出了不要随地吐痰的要求，他自己更是身体力行。到伦敦之后，他能够做到经常开窗，经常换洗衣服，等等。

他还注意搜集有关讲究卫生等方面的书籍，以求理论指导。光绪三年八月，他终于从一名英国医生手中得到了这方面的书。读后，他记下了"居室之要"：一，引生气除炭气。二，水缸须用盖。三，疏沟壅不可暂停。四，当修洁器皿，不染纷尘。五，透光亮。在记录"引生气除炭气"时，他详细记下：气有四：曰养气（氧气），曰淡气（氮气），曰湿气，曰炭气（二氧化碳）。生气百分，养气居二十一分，淡气居七十九分，斯为中和之气。炭气与炭同类，一出于人之呼吸，一出于火之焚烧，在生气不过千分之一。凡有血气之类，独吸炭气即死。他还记录：衣裳宜勤换，助皮发汗，可化肺痰，可减肠泻。中土有服经年久而不更换者，此大忌也。饮食宜多少适宜，宜精洁（*旁注：最忌腐烂，经胃热炽，亦足以发毒气*），宜有定时（*旁注：胃之功用与精神相表里，精神常健于上半日而疲于下半日，故胃在上半日能化一日食*

之六，在下半日仅可消一日食之四而已）。瓜子、花生、瓜、豆、腊肉、烘鱼、腌鸡鸭、盐蛋等难以消化之物宜少食；菜蔬肥腻、葱蒜韭薤等熏辛之物宜少食。

郭嵩焘还学了一种西洋操，一直坚持到晚年。

### 5. 不拒洋食，接受洋衣

郭嵩焘经常受邀赴宴，自然不能拒绝洋人的食物。他还不拒穿洋人的衣服，尽管那是在一种特殊场合。事情的经过是这样的：光绪三年七月初九，郭嵩焘带包括副使刘锡鸿在内的几位随从到伦敦东南的罗切斯特参观甲敦炮台。当日寒风凛冽，郭嵩焘等忍冻一日。下午乘坐小火轮船看搭浮桥。行至海上，北风劲吹，英国提督斯多克斯见郭嵩焘寒噤，遂取所携褐氅，披到郭嵩焘身上，郭嵩焘没有拒绝。

郭嵩焘在当日的日记中详细记录了观摩的情景，共计二千字。而披大氅的事，却没记一字，足见他并不在意。以现代人的眼光看，这是一件极为平常的事。可副使刘锡鸿却认为，作为中国的钦差，这犯了大忌。因此，这件事成为刘锡鸿攻击郭嵩焘的一大罪状。

### 6. 让夫人走出去

按照中国的传统，妇女当"大门不出，二门不迈"。到了英国，郭嵩焘抛弃了这些规矩，让如夫人梁氏走向了社会。光绪三年三月，威妥玛夫人邀请梁氏参观织绣馆，郭嵩焘毫不犹豫地放行。织绣馆都是女工，有三百多人，所织"皆大幅花卉"。梁氏得以看到女子谋生的场面，肯定感慨良多。当年的七月，格非斯夫人邀请梁氏去她家参观花园。她家距伦敦市一百多里。郭嵩焘很放心地让梁氏单独去了。次年5月，郭嵩焘有了一个想法：以梁氏的名义举行一次茶会。征询张德彝的意见，张德彝力劝不可，郭嵩焘坚持己见，说：英国人都知道我偕夫人来此，必以夫人名义举办茶会。张德彝最后说："在西国若如夫人出名，自然体制无伤，苟此信传至中华，恐人愤有烦言，不免生议。"郭嵩焘这才作罢。但时过不久，郭嵩焘以他们夫妇的名义举办了一次盛大的招待会。这一举动的不寻常，立即受到驻在国的注意。《泰晤士报》随即报道："郭公使与夫人依欧俗于客堂延见来宾，女主人服饰按其本国品级。尤堪注意者，为一中国贵妇首度出现于男女宾客俱在之公众场合。"

### 7. 全部西洋化的大型招待会

1878年6月19日，郭嵩焘以中国公使夫妇的名义，在伦敦中国使馆举行了大型招待会。当时邀请与会的有英国外交部各官员、英国社会绅商、学者，以及德、俄、奥、意、丹、荷、葡、土耳其、波斯、日本、海地等各国使节，共七百余人。

招待会从5月28日即开始筹备，预算是五百英镑（合银 1750 两）。招待会那天，使馆从大门至院内楼房收拾陈设妥当。道路左右分置灯烛与鲜花，中间铺设红色地毯，楼梯栏杆覆盖着白纱，缀以红穗，并插有玫瑰、芍药和茶花等鲜花。客厅与宴会厅也悬挂鲜花与彩灯。厅中横设长筵二桌，一桌放着茶、酒、咖啡、冰乳、点心，另一桌放着热汤、冷荤，以及各种干鲜果品。桌上刀叉杯盘，罗列整齐；玻璃银瓷，光彩夺目。客厅以鲜花作壁墙，后有乐队，着红衣。宴会厅旁边的小间，作为宾客存放外衣之所。楼上第一层客厅两间打通连为一室，铺放红地毯，壁挂灯镜。窗外置鲜花台。第二层郭嵩焘住屋五间也装饰得极为华美整洁。使馆门外搭了帐篷，雇巡捕六名，维持秩序。

从晨至晚，整天悬花结彩，鼓乐喧天。

中国驻英使馆在郭公使的安排之下，经营这场招待会，且刻意全部西式布置与招待，可谓开风气之先。

招待会办得很是成功，来宾莫不以受邀为幸，成为中国走向世界路程上的一段佳话。

### 了解洋情，认知世界

了解驻在国各方面的情况，是驻外使节一项极为重要的任务。而对郭嵩焘来讲，他承担的使命绝对不仅仅是对一个国家情况的了解，他所了解的几乎是整个新世界。

在临去英国前，慈安、慈禧二位皇太后召见时曾指示郭嵩焘到英国一切当详悉考究。郭嵩焘回答说："英国无多事可办，专在考求一切，此是最要紧事。"郭嵩焘很好地实践了自己的承诺。

他对情况的了解可谓用心、全面、深入，成效卓著。

郭嵩焘对情况的了解是主动、全面、深入的。可供了解情况的三种渠道：向熟知情况的人了解，阅读报刊、书籍，实地考察——全都用上，将了解到的情况统统记了下来。这不能说不主动。

政治领域、经济领域、军事领域、科技领域、文化教育领域、外交领域等，都是郭嵩焘考察、了解的范畴。这不能说不全面。

每一个领域的每一个分支，如政治方面的有关机构、制度、运作方式、历史沿革；经济领域的许多方面，如商业运作、金融、税务，以及它们在历史上的变化状况；军事领域中，西方各国的现实实力、历史沿革、发展趋势；科技领域许多学科的演变历史、最新发展；文化领域特别是思想、学风、社会风气等，大凡能够想到、接触到的，郭嵩焘均以最高的热情、最强烈的兴致，细心地进行考察、了解，有许多他还有自己的看法和议论。这不能说不深入。

### 1. 政治方面

到伦敦后，郭嵩焘就要求翻译每天将伦敦当日大报读给他听。关于政情，第四天，他便从报纸上了解英国现分两党，初步的印象是："此间国事分党甚于中国"。

英国的议会、两党制，成为郭嵩焘了解英国政治制度和运行状况的重点，他从许多方面对它进行了考察，最后得出了重要结论。

他亲赴议会观摩了议会开会的情景，访问了英国法院（记有一千五百字），观摩了英国的监狱（记有二千字），与英国许多政界人物进行了交谈等。如光绪三年十月某一天，他"略考英国政教原始"，记下三千字。他在日记中写下这样一段非常重要的话："推原其立国本末，所以持久而国势益张者，则在巴力门议政院（议会）有维持国是之义；设买阿尔（市长，此为行政长官之意）治民，有顺从民愿之情。二者相持，是以君与民交相维系，迭盛迭衰，而立国千余年终以不敝，人才学问相承以起，而皆有以自效，此其立国之本也。"光绪三年十二月某日，郭嵩焘与人谈西方政治的得失，晚间记下了自己的心得："国政一公之臣民，其君不以为私。其择官治事，亦有阶级资格，而所用必皆贤能，一与其臣民共之，朝廷之爱憎无所施。"对两党制，他有了新的看法："自始设立议政院，即分同、异二党，使各

130

竭其志意，推究辩驳，以定是非，而秉政者亦于其间迭起以争胜。于是，两党相持之局，一成而不可易，问难酬答，直输其情，无有隐避，积之久而亦习为风俗。"他总结说："世安有无政治教化而能成风俗者哉？西洋一隅为天地之精英所聚，良有由然也。"

他对西方民主的概括，已经超越了同一时代的任何人。对西方两党制的认识，与初来乍到时也有天壤之别了。

### 2.经济方面

郭嵩焘着重考察了英国经济的运行状况，看到了英国企业绝大多数都由私人经营，国家的职能只限于管理。国家的财力来源于税收。而这种制度便使整个经济显现了勃勃生机，是西方诸国富强的基础之所在。

光绪三年九月的某一天，英国实业家斯谛文生和密斯盘到使馆跟郭嵩焘谈在中国修筑铁路的事。由筑路的事谈到在西方盛行的博览会。当时，日本公使上野景范在座，郭嵩焘问上野：日本一切取用西法，也搞博览会吗？上野景范给以肯定的回答，说东京近三年盖起了一处宏丽的博览会建筑。全日本三岛三府三十五县，都把他们的物产分放在里面进行交易。政府按地段收取租金。进入参观的都需购票。这样，"趋市贸易皆集院中，为东京第一繁盛之区，国家亦因而收其利"。讲到这里，斯谛文生和密斯盘都说："因此，西洋商民自知其中利益而争赴之，官但为之经理而已。"由此，郭嵩焘在日记中记下了这样的话："西洋以商务为本，君民相与崇尚如此。"

这样的结论，并不是由这样的一件事得出来的。在这之前，郭嵩焘考察了英国经济运行的许多重要方面。他观摩了英国税务局运行的情况（记下1500字），观摩了电报局（记下1500字）、皇家制币厂（记下2000字），参观了冶铁厂（记下3000字）、电气厂（记下3000字）等。这些观摩活动使郭嵩焘收益颇多。在观摩了英国税务局之后，他日记中就有这样一段话："英国行政务求便民，而因取民之有余以济国用，故其所设各官，皆以为民治事也，而委曲繁密，所以利国者，即寓于便民之中……此西洋之所以日致富强也。"

### 3. 军事方面

军事问题无疑是郭嵩焘特别关注的方面。就在去英国的路上，他上岸接受马耳他总督的宴请，总督邀请他观看炮台，郭嵩焘观看甚为仔细，在日记中记下了近千字。到英国之后，大凡有关军事的参观项目，郭嵩焘必到。光绪三年三月，英国国防大臣邀请郭嵩焘观摩乌里治军工厂，郭嵩焘回来在日记中记了3000字。当月二十四日，他搜集报刊所载，记下了英国、法国、德国、奥地利、荷兰、葡萄牙、意大利、智利、丹麦等国战舰状况，数量、吨位、马力等。他记得非常详细，如英国有大小铁甲船 58 艘，大铁木兵船 80 艘，小铁木兵船 286 艘，船上火炮共 4784 尊，炮兵 60000 人。当年的七月，郭嵩焘参观英国甲敦炮台，记下了 2000 字。他还记录了外国报刊上刊登的中国的军事情况。他受李鸿章之托，购买英国军火设备，成为承担制造的英国工厂的常客。

### 4.科技方面

工业革命使西方科学技术有了突飞猛进的发展，郭嵩焘对这方面的情状格外注意。他到伦敦不久，去观摩了《泰晤士报》的印刷情况，详细观看了机械印刷的过程，得知该报每日发行 7 万份，每份 16 版，可在一小时内印制完毕。对此，他由衷地发出感叹。光绪三年二月某一天，他很感兴趣地受邀观摩了"电气光"的演示，当场结交了许多英国著名的科学家。三月，他搜集资料，在日记中记下了英国人历史上搞发明创造的情况。不久，他受邀到一位英国发明家家中听讲天文，记下：地球的大小是月亮的 47 倍，土星是地球的 1300 倍，太阳是地球的 70 万兆倍，等等。在这次听讲中，他还得知西方各国电讯发展的状况，记下：在这方面英国第一，法国次之，美国又次之，德国又次之，俄国又次之，日本第六。也是在这个月，郭嵩焘又受邀到一位英国发明家家中听讲电学，详细作了记录，自己说："吾于此等学问全不能知，姑记其所言如此。"当年的四月，郭嵩焘受邀到一家矿石博物馆参观，使他大开眼界，回来记下当日参观情景2000字。不久，他又听马格里讲化学，记录说，本质不变的物质"凡六十四种。养气（氧气）、炭（碳）气、轻气（氢气）三者谓之大纲"，这些气"化分而析之，而气之本质自在"。当年的五月，郭嵩焘观摩了格林尼治天文台，记3000字。六月的某一天，郭嵩焘又受邀到一位英国发明家家中看"光学"，实际上是幻灯。八月，他从报纸上看到一条消息：法国天文学家勒威耶去世。他得知，此人就是20年前推知海王星的天文学家。他在日记中记录了海王星被发现的过程。他同时记录说："西洋谓天河皆星之聚也。"不晓得郭嵩焘得到这一知识之后，又如何想象牛郎、织女七夕相会的情景。当年的九月，郭嵩焘参观了色尔弗敦电气厂，记下3500字。讲解人告诉他："英人讲求电学，日益求精，然其理终不能推求至尽处，亦如人力所至，终究有止境。要此一种电气，其用最广，直是取用日日生新。即如火轮车一事，比之马车加速三倍。人人趋事赴功，以一倍计之，则是生四十年便做得八十年事业，何利如之！"郭嵩焘说"其言颇多可听者"。当年十一月某日，郭嵩焘有这样一篇日记，说马格里告诉他：二百年前意大利人格力里渥（伽利略）精天文，始推知五星及地球均绕日而行，太阳居中统

134

摄之。当时罗马教皇给伽利略加上叛教的罪名，把伽利略投入狱中，而"其说渐行于西洋，治天文者皆宗之"。百余年前英国人瞻勒尔发明牛痘接种之法，结果，"英国医者大哗，其说竟不能行。瞻勒尔死后，英人精医理者乃推衍其说行之，其法遂遍及各国"。记后，郭嵩焘讲了自己的心得："故以为心得之理，晦于一时，而必显于后世也。"光绪四年正月，郭嵩焘与英国友人谈中国北方闹旱灾的事。英国朋友指出中国需植树造林。这使郭嵩焘联想翩翩。当日他在日记中记载："盖树木繁密，能引天上之水气以兴云作雨，亦能留地下之水气以涵育万物。旱久而阴阳之气一交，乃结为云，云者，水气之积也，以为日气所炙，其质常热，得树木丛聚之凉气以引之，云气争趋就凉，即散而为雨……阿非利加西有岛曰喀布谛非尔得。喀布者，译言鼻也；谛非尔得，译言绿也。谓其岛形似鼻突出，而色葱郁。观其命名之意，知其树艺繁矣。后为荷兰所踞，尽伐其树，遂成荒岛。至今山色黝黑，常终岁不得一雨。红海之亚丁亦犹是也，英人工部专设一官经理之，视树木有伤，则急披去其枝以引生气……盖数百年如于此矣。"可以肯定地说，如果郭嵩焘不是出来这一趟，这些认识是不可能有的。

## 5. 文化、教育方面

文化、教育、社会风尚，属于一个国家意识形态的范

135

畴，这方面的情况如何，是这个国家文明程度的标志。而这些方面，恰恰是郭嵩焘考察项目的重中之重。我们说过，郭嵩焘从上海登上英国人的轮船，就发现了明显有别于中国的风尚。他已经初步体味到了西方的社会文明。路上，有一件事给他留下了极为深刻的印象。郭嵩焘所乘英轮到达汕头附近海面时，一艘大的铁甲船从后面赶了过来，船长告诉郭嵩焘，后面的船是"水师提督赖得"所乘之舰。等后面的船靠近时，船长下令升起了旗帜。郭嵩焘发现，后面赶过来的船也升起了旗帜。随后，两船并行，相距十余丈。这时郭嵩焘又发现，赶过来的舰船竖起了桅杆，并开始奏乐，后扬帆驶去。郭嵩焘因问船长："升旗何意？"船长回答："所以告也。"又问："他们也升旗何也？"回答说："报也。犹曰钦差在船，已谨知矣。"郭嵩焘又问："彼船人升桅而立，何也？"船长回答："示敬也，犹之列队也。升桅而后可以示远。乐，所以作军乐也，以为列队之节也。"问："掠船首而过，何也？"回答说："趋而迎也。停轮者，以示让也。"看罢这一情景，郭嵩焘感慨万分，说："彬彬焉见礼之行焉。中国之不能及，远矣。"

另外一件事，也让郭嵩焘终生难忘。到伦敦不久，发生了这样一件事：使馆一工作人员的佣人张锡九在街上行走时，有一个英国人用手杖击打了他的头。张锡九被辱不敢声张。而路上的英国人却围上来，将那个无礼的人扭送到巡捕那里。有人给刑院写信，说：中国人初来乍到，无故而受凌辱，对肇事者一定要惩办不贷。写信人还说自己在现场，打人事他亲眼所见，可以做证。此事郭嵩焘感触颇深，说："此间以礼自处如此，吾甚愧之。"过了几天，郭嵩焘拜会伦敦市长，伦敦市长又言及此事，表示歉意。郭嵩焘再发感慨说："足见此邦民风之厚矣！"

英国人的学识，同样令郭嵩焘感叹不已。光绪三年二月，回国休假的英国驻中国公使威妥玛将八十岁的前任香港总督戴维斯写的《汉文诗解》送给郭嵩焘，郭嵩焘大有感慨，惊叹英国人的学识。光绪四年七月某一天，两位英国妇女来到使馆，一位是哈尔得夫人，能够了解孔孟、老庄与佛教、耶稣的异同之旨，另一位谛盘生夫人，对国际事务讲得头头是道。郭嵩焘惊叹："此二夫人，一能发明圣贤微旨，一解言国家大计，中国士大夫所不能逮也。"

有了这些认识，郭嵩焘对有关英国文化、教育和社会风尚的考察，就带上了浓厚的感情色彩。他考察了各式各样的学校，其中包括牛津、剑桥等大学（记下3000字）；参观了大不列颠博物馆（记下3000字）；观摩了多处历史古迹和建筑，其中如威斯敏斯特大教堂（记下1000字）；看了伦敦医院的运作；亲赴印厂，了解英国出版情况；参观荣军院，了解英国文化的历史沿革，在那里，郭嵩焘看见几年前被英国人从圆明园掠去的若干件名贵物器，心情十分愤怒，再次骂中国当事的官员们"难辞其咎"；听专家进行介绍，如听人讲基督教教义和发展历史；从报刊、书籍中进行了解。

这方面，郭嵩焘不仅注意了解历史，观察现状，而且十分注意捕捉处于历史发展最前沿的事物和动向。如在去英国的路上，让翻译给他读《泰晤士报》。上面报道了英国人于 1874 年 4 月至 1876 年 6 月赴北极探险的经过。郭嵩焘当日的日记把这段新闻记了下来，并特别记下探险队返回后受到了英国女王授勋奖励。两年多后，他向英国女王辞行时遇到那次探险的探险家，遂详细问了北极的情况。光绪四年正月的某一天，管理留学生的李凤苞听了一次讲座，讲演者就是去非洲寻找失踪的、大名鼎鼎的瑞典探险家利文斯顿的英国探险家斯丹雷。斯丹雷刚刚从非洲探险回来，讲的就是他在非洲找到利文斯顿的探险经历。郭嵩焘听后，让李凤苞详详细细地给他复述了斯丹雷演讲的内容，并在日记中记下 2000 字。

通过这些考察，郭嵩焘得出了一系列重要结论。他发现，英国举国都重视文教，上下洋溢着浓烈的求实精神，文教的举措恰当，因此成效显著。而其中的实事求是精神特别引起郭嵩焘的关注。他说："西人格致之学，所以牢笼天地，驱役万物，皆实事求是之效也。"又说："计数地球四大洲，讲求实在学问，无有能及泰西各国者。"也正是如此，他进一步得出结论说，文教也已经构成了西方诸国的立国之本。如他讲："西洋政教、制造，无一不出于学。"他认为，也正因为西方国家抓住了这个"本"，其经济和社会才有了这样高速度的发展。英国如此，法、德等国莫不如此。

### 6. 外交方面

作为外交官，外交问题自然是郭嵩焘要调查了解的重要课题。这方面的工作，在中国国内已经有一些人在做。郭嵩焘利用了他身临其境的优势，也在认真做着。英国的情况自然是他这方面工作的重点，其政治、经济、军事等各方面的情况，郭嵩焘也一直在进行着调查了解。

除此之外，郭嵩焘还了解了英国占有殖民地的情况。光绪三年二月某日，郭嵩焘得到了一份这方面的材料，并作了记录。日记中记下了英国在北美、中美、非洲、亚洲、澳洲的殖民地，并说除此之外，"沿海埔头，尚所不计。长驾远驭，亦自古所未闻者矣"。

需要补充的一点是，郭嵩焘的调查了解，有时是很细的。如他光绪四年正月某一天对伦敦历史和发展状况的记录，从伦敦的地理位置、街道和河流的走向、河上的桥梁，到居民人口、商情等，足有 4000 字。其中记录说，1377

年伦敦只有 3.5 万人，而历经 400 年，人口已经发展到 400 余万。他还记录说，当时伦敦有房屋 35 万所，街道 1 万条，共计 1 万 1000 多千米，马路上的煤气灯已达 36 万盏，每夜用煤气 1300 万立方尺。全伦敦有酒家 6700 家，面包房 2500 家，咖啡馆 1260 家，香烟馆 1350 家，成衣店 2950 家，皮鞋店 3000 家，小学 1540 所，教堂 614 座。他还记录说，当时的伦敦，贫苦无依之民 12 万 9 千人，等等。所有这些，到现在依然是有关伦敦历史发展的宝贵资料。

对德国、法国、俄国、日本的基础调研郭嵩焘也是尽量收集资料。如光绪四年五月某日，他记录了法国的国情，包括政治、经济、军事、科技、文化等，约 7000 字。八月某日，他又记录德国国情 5000 字。日本的国情他作了多次了解，前后记录超过万言。他也十分注重别的国家介绍中国国情的资料。光绪四年十一月某日，他得到一本《辉泰格尔历书》，书中详细介绍了各国情况。郭嵩焘把书中介绍中国的内容记录了下来，如记录说当时中国国土面积是 530 万平方公里，人口 4 亿 6000 万，有常备军 126 万人，军饷达 1500 万两，出口茶 1500 万磅，丝 650 万磅，等等。郭嵩焘还介绍说，书中诸多记录，皆出自英国外交官及诸游历者之呈报。他由此发出感叹说：中国历无此种岁报，无从查考其得失也……阅之惘然自失。中国士大夫可羞辱者多矣，而顽然不以为愧，侈口张目以相訾议，吾且奈之何哉！

各国之间，特别是大国之间的关系，是郭嵩焘调研的重要方面。他在日记中多次记录了这方面的资料。

### 7. 国际公法方面

了解外交知识，弄懂国际规则。中国进入国际社会，是一个新的角色，许许多多的知识需要了解、学习。郭嵩焘承担了这一任务。从郭嵩焘的日记记录看，对国际公法的了解，是他了解国际关系准则和外交知识的一个重点。

来伦敦途经香港，香港总督宴请时对郭嵩焘说：派使节去一个国家常驻，"此邦交之常。待人与所以自处，无所歧视"。郭嵩焘当日就把这话记到了日记里。也是在路上，随从马格里给郭嵩焘讲西方国家有关战俘的公约，说"西洋交兵，不杀俘虏"，并介绍各国执行公约的情景，郭嵩焘听得很认真，并把马格里的介绍记了下来，最后议论说：即此足见西洋列国敦信明义之近古也。

光绪四年九月某日，郭嵩焘得到一本《万国交涉公法论》，如获至宝。他详细地记下了书中所述国际公法产生、发展的过程，特别突出了国际公法的四原则：天理当然、甘心服从、旧日常规、公以为是，使自己的有关认识上升到了理论的高度。

## 8. 感受警示

在郭嵩焘了解洋情、认知世界的过程中，有一点不能不提及，这就是他在异邦所感受到的警示。外部世界在一日千里地发展着，中国却仍在沉睡。我们看《郭嵩焘日记》就会发现，隔三岔五就有将中国和外部世界进行对比后发出的诸如"不及远矣""相差何止千万里"这样的嗟叹，以及"甚愧""浩叹"这样的感慨。

除去他看到的，还有他听到的，有一些好心人，当面向他发出了警示。有一位叫克尔路克尔曼的英国老人，七十八岁了，曾"行绕地球四周"。老人说他曾去中国好几次，到广东三次、上海两次、北京一次，看到了万里长城。老人说中国没有火车，行路太难，从古书上得知，中国文教开创四千余年，处万国之先，而唯独在效仿西法方面处在万国之后，因此，"人皆笑之"。郭嵩焘理解老人的意思，是"此最不宜，宜及早施行，无再迟缓"。有一次，郭嵩焘会见土耳其前首相密尔得巴沙。他对郭嵩焘说："日本晚出，锐意求进，在亚细亚最有名，甚喜其国日益昌大。中国为天下第一大国，出名最久，诸国皆仰望之，甚喜其有富强之业，能早自奋发为佳也。"这话讲完之后，在座的一位朋友则说："中国宜早醒，莫再酣睡，早醒一日有一日之益。"有一次，郭嵩焘见土耳其公使，土耳其公使对郭嵩焘说："五十年前，土国一无所知。电学始行，土国即仿为之，而后及机器局，而后及学馆，及兵法，而后及铁路，近更及其政教，是以犹能与俄人一战。使非此二十余年之功力，则惟束手听命而已。今日与俄人逼处，为所觊觎者，独中国与土耳其国耳。愿常存'俄罗斯'三字于心，不可一日有忘。"在回程的船上，郭嵩焘思绪万千，这些警示萦怀不绝。他记下了一位同船友人的话："中国不急图自立，深恐一变而为印度。"

### 9. 对西方社会阴暗面的观察和认识

郭嵩焘并不光看西方世界美好的一面，这个社会若干弊端郭嵩焘也有察觉，特别是对德国皇帝被刺、屡次发生的罢工事件，他颇有感触。只是，他不是从制度，特别是经济制度上加以判断，而是认为文化方面有毛病。他把这些现象与中国的情景进行比较，得出了自己的结论。他说："西洋政教以民为重，故一切取顺民意，即诸君主之国，大政一出自议绅，民权常重于君。去年美国火轮车工匠毁坏铁路，情形与此正同，盖皆以工匠把持工价，动辄称乱以劫持之，亦西洋之一敝俗也。"他进一步分析说，"中土圣人辨上下以定民志。无君臣上下之等，则民气浮动，不可禁制"，而西方人"君臣之分未严，相视犹平等也，与中国政教原自殊异"。

## 请进来，走出去

请进来，走出去，既是使馆调研工作的重要手段，又是使馆工作的一项基本原则。说是调研工作的重要手段，我们从前面"了解洋情，认知世界"一节中看得十分清楚。说是使馆工作一项基本原则，道理是这样的：一般讲，驻外使节对驻在国来说应该是"亲善"的，即搞两国的友好工作。搞友好，你就得走出去，请进来。否则，你一个人总是待在使馆里什么人都不见，有什么友好可讲？

郭嵩焘领导一个使馆的工作，在中国历史上是破天荒的，但他很好地贯彻了这一原则。事实证明，他是中国派往英国的一位亲善大使。

## 不断报回情况，提出建议

了解到的情况，需要源源不断地报回国内，供国内制定政策时参考。

当时，使馆与国内联系没有电报，只靠信函的传递。总理衙门在处理许多事情上多有不妥，这影响到郭嵩焘对总理衙门权威性的认识，挫伤了他与总署联络的积极性。即使这样，我们读郭嵩焘的日记，总可以不时地看到他给总署写信的记录。有时，郭嵩焘则直接向主事的权臣报告情况，提出建议。其中，我们可以从他光绪三年（1877）三月十三日发回的信函《伦敦致李伯相》看出大致情况。李伯相就是李鸿章，当时任军机大臣、直隶总督。郭嵩焘信中首先报告了他来英国后对英国观察、认知的情况，劈头道："此间政教风俗，气象日新。"接着讲英国富强的原因，说："推求其立国本末……百余年来，其官民相与讲求国政，自其君行之，蒸蒸日臻于上理。"这封信中，他重点讲修筑铁路的问题，因此，信函便渐近此事，讲了英国铁路、电气通信发展的历史，重点讲述铁路和电讯对英国发展带来的好处。郭嵩焘现身说法，说"来此数月，实见火轮车之便利，三四百里往返仅及半日"。随即提出在中国修建铁路的建议，大讲修建铁路的必要性和紧迫性。关于修建铁路的必要性，他讲了两点：（一）"中国幅员逾万里，邮传远者数十日乃达，声气常苦隔绝"，而铁路、邮电"行万里犹庭户"，加之"骤有水旱盗贼，朝发夕闻，则无虑有奸民窃发称乱者"。（二）"中国官民之势悬隔太甚，又益相与掩蔽朝廷耳目，以便其私，是以民气常郁结不得上达。"有了铁路、电讯，"二者行，富民皆得自效以供国家之用，即群怀踊跃之心，而道路所经，如人身血脉自然流通，政治美恶无能自掩，则无虑有贪吏遏抑民气为奸利者"。他说："三代盛时，不过曰'吏效其职、民输其情'而已，其道固无以加此也。"讲必要性，他还借助了日本公使的话："天地自然之利，西人能发出之。彼为其难，吾为其易。岂宜更自坐废！中国土地之广，人民之众，各国所心羡也。闻至今一无振作，极为可惜！"

信中，郭嵩焘还提出了禁止鸦片烟、开垦江浙荒土、喀什噶尔之地宜割、伊犁一城宜与俄人定约、停止各省厘捐等建议。

## 日本的崛起引起特别关注

郭嵩焘来英国之前，因为台湾问题，日本曾一度引起国人的注意，但随着事态的平息，人们对日本的关注度也降到最低，似乎日本并不存在于世。

郭嵩焘却不是这样。到伦敦之后，日本问题依然是他特别关注之点。首先，日本留英学生数量之大、质量之高引起了他的注意。中国派出的留学生只有十几名，而日本有二百多名。中国留学生大都出身低贱，地位低微。而日本留学生中，却不乏世家子弟，甚至还有一名"尚书"。另外，中国留学生单一地学军事，而日本留学生则广学军事、法律、金融、制造等，几乎无所不包。

郭嵩焘就此向国内提出建议，要求改变单一学习的状况，甚至自作主张，叫在英留学生中有培养前途的，改学了些专业，并延长了学习时间。

日本国内的改革成为郭嵩焘了解日本问题的重点，他多次与日本公使以及其他外交官员接触，收集这方面的资料，如日本改制后政府部门的设置、军队建制、经济运行状况、文化教育现状等，他都进行了了解，前后记录达6000余字。

光绪三年三月某日，日本在英国定造的军舰"扶桑"号下水。日本使馆为此举行了极为隆重的仪式，邀请各国宾客160人到场，郭嵩焘也在被邀之列。郭嵩焘记录说，这是一艘长22丈、宽3丈6尺、高3丈8尺，3927马力、排水量为3777吨的中型舰。日本公使上野景范的夫人按照日本民族习惯，用一瓶酒撞击船头，酒瓶撞碎，众人喝彩，然后缆绳被斧子砍断，日本公使致辞说："此为我国造成之第一船，以此制敌，何敌不摧？画日旌旗，顿增颜色矣。"当晚，英国船厂举行祝贺宴会，郭嵩焘在席间致辞说："愿日国此船，非助我中国，一炮不鸣。"

郭嵩焘对这一场面铭记不忘。在回国的路上，他结识了同船的荷兰人麦尔达。麦尔达说自己是为日本人所请，去帮助修建堤坝的。两人谈论起日本堤坝工程地势、规模、用工材料、雇佣外人薪金等细情。郭嵩焘联想在英国所见，日本人向德国学习冶矿，向英国、法国学习修建铁路，向丹麦学习安设电报，预感到日中双方的发展前景将日益悬殊，忧心忡忡，记录说："《传》曰：'邻之厚，君之薄也。'日本为中国近邻，其势且相逼日甚。吾君大夫，其旰食乎!"

## 关心留学人员的学习和成长

郭嵩焘在伦敦任职期间，中国向英国、法国派遣了第一批留学生。这是中国外派的第二批留学生。第一批于同治十一年（1872）派出，共120名，由容闳带领赴美留学。这第二批留学生是福建船厂的生员，被派往英国、法国学习军事。到英国的12名，其中有严复、萨镇冰等，去法国的有马建忠等18名。由于后来郭嵩焘兼任驻法国公使，所以，这30名留学生，实际上都由郭嵩焘统管。

这些学生属于公派。另外还有一位学生是自己来英国留学的，按今天的说法，属于自费留学，他就是来学习法律的伍廷芳。

郭嵩焘对这批学生是非常关心的。他把他们看成国家未来的希望，从各个方面对他们进行教育，希望他们很好地成长。发现有了毛病，他会毫不留情地进行批评。他特别喜欢严复，但严复狂傲之气甚重，郭嵩焘则不断地敲打、提醒严复注意改正。

郭嵩焘的一大长处，是施教以情，与他们交朋友，其中严复、马建忠等与郭嵩焘结成忘年之交。郭嵩焘还上奏朝廷，要把伍廷芳调入驻美国使馆工作，后未能成功，他却与伍廷芳结下了深厚的友情。

郭嵩焘管理、教育留学生，表现了以下特点：激励学生们的学习热情；激发学生们开启创新思维；带领学生"游山玩水"，陶冶性情；发现毛病，及时指明；给优秀的人才提供深造的机会，等等。

朝廷派到外国的留学生的直接管理者称为"学监"，来英国的学监是李凤苞。后来，李凤苞从英国直接去德国当了驻德公使。一次，李凤苞将学生们所在学校的考试题目给郭嵩焘看，并作讲解，其中包括电学、化学、铁甲穿弹、炮垒、汽机、船身浮率定力、风候海流、海岛测绘等，郭嵩焘甚感兴趣，记下了要点，此后多次与学生们一起就学习的问题问这问那，从学生那里汲取新的知识。他也经常与学生们一起探讨国家兴盛的问题。郭嵩焘的这种不知老之将至、学而不倦的精神深深感动了学生们。

对学生们关心的另一种表现，就是给其中的佼佼者提供深造的机会。如他给严复就提供了这样的机会，通过努力，不但使严复转学了专业，而且延长了留学的时间。而正是在延长了的时日内，严复才得以进一步推求西洋致富致强的学问，接触到了西洋的思想家们的著作，其中特别是亚当·斯密、孟德斯鸠、卢梭、边沁、穆勒、达尔文、赫胥黎、斯宾塞等人的著作。而这些人的著作对严复成为近代中国的一位启蒙大师所起的作用，是不言而喻的。


# 调　回


## 辞行

郭嵩焘是提前被调回的，这我们在前面已经介绍。接到调回的上谕，郭嵩焘开始了辞行活动。

郭嵩焘回顾出国经历，百感交集。自己对国家忠心耿耿，无故被参，到头来落了个被提前调回的不光彩下场。他的如夫人梁氏万里随行，也被人记入黑账，没得半点荣耀，反受羞辱，真是可悲可气。郭嵩焘悲愤之余有了一个主意：偕梁氏面辞英国女王，使她回去与子孙讲起来，见到了英国女王，成人生难得之事，无愧几万里之行。实际上，郭嵩焘偕梁氏谒见英国女王，也是有意回敬刘锡鸿等人借梁氏事对他进行的攻击。郭嵩焘带夫人向女王辞行的要求很快得到女王的应允。1879 年 1 月 17 日，郭嵩焘夫妇在阿斯本行宫向女王辞行。他们赶到怀特岛，女王派出的两辆专车已经在岸上等候。到了行宫，女王先接见了梁氏，致慰劳之意，还让三位年轻的公主出来与梁氏相见。郭嵩焘见女王时，与女王相与鞠躬，女王说："闻将回国，心殊歉然。未知以何日启程?"郭嵩焘回答说："约在半月内。"女王说："远道来此，心甚感激。"郭嵩焘回答："托庇宇下，已届两年，现因销差回国，必得恭诣告辞。"女王说："甚喜一见，且得接见钦差类里（夫人）。居此日久，常思一见不可得。若径归去，未免使人伤心。"郭嵩焘道："中国妇女无朝会之礼，所有盛典概不敢与，今旦夕回国，以私接见，得蒙赏茁，实是感悦。"女王道："愿祝一路平安。中英两国应得交好，甚愿此后交谊日益深固。望以此意达之中国大皇帝。"郭嵩焘回道："承君主盛意，谨当代陈总理衙门，奏知大皇帝。"会见结束后，按照女王的布置，在场数名贵妇单独设宴招待了梁氏。整个活动令郭嵩焘非常满意。

此后，郭嵩焘向英国首相迪斯雷里（郭嵩焘记"毕根斯由"）辞行。二人进行了十分友好的交谈。迪斯雷里送给郭嵩焘一张签了名的小像留作纪念，说："此次枉顾，永远不能相忘。亦愿钦差受此小像，记忆英国有此一好友，常无相忘。"当天的日记中，郭嵩焘记下了这样的话："毕根斯由为英国名相，年七十余。西洋各国相视以为豪杰之才，而每与嵩焘言，未尝不重视中国，以逮其使臣。此次情意拳拳，语长心重，不敢断其为诚心投契，而接其言论，领其意旨，使此心怦怦为之感动。"

各方面的反应说明，郭嵩焘在英国人的心目中是一位亲善大使。最能够说明这一点的，是伦敦的新闻界。知道郭嵩焘奉调回国的消息后，伦敦的多家报纸发表文章，对郭嵩焘的离任表示惋惜。最有代表性的是《泰晤士报》的一篇长文。文章讲述了中国门户被打开的历史过程，讲了中国派员出使的缘由，对郭嵩焘离任表示惋惜，说"郭钦差官阶甚高，晓畅欧洲事体……现闻离英在即，特为议论中英两国往来遣使之谊……郭钦差此行，凡在英法两京见过者均为惋惜"。并说郭嵩焘"为人和平诚实，鉴别事理之当，足壮外国人心志，使之看视中国异于昔日。似此看来，此后英国于中国交好，当日以永固无疑，然皆郭之功也"。文章最后表示，"甚盼郭钦差回国于执政大臣中得一妥位，参与机秘"。

## 回程

接替郭嵩焘职务的是曾纪泽。曾纪泽受命后曾被慈安、慈禧二位皇太后召见。他是曾国藩的儿子，被召见时，为郭嵩焘说了好话，慈禧皇太后曾有"上头知道郭嵩焘是好人"的评语。曾纪泽于光绪四年十二月十二日到达伦敦。曾纪泽向郭嵩焘介绍了国内情况，介绍了总理衙门内部的矛盾，特别讲了临来时慈禧太后的那句要紧的话。

郭嵩焘作完辞行拜会后，于光绪五年（1879）正月初十离开使馆，踏上了归程。郭嵩焘在伦敦任上一共度过了两年零三个月的时光。

来时，郭家是两个人。走时添了丁，梁氏给郭嵩焘生了一个儿子。郭嵩焘给儿子起名叫"英儿"，即英国出生之子也。

郭嵩焘回国前要先到法国，在那里作辞行拜会。在法国期间，留学法国的马建忠负责料理。离开巴黎后，马建忠一直把郭嵩焘送到马赛。这中间，郭嵩焘游历了枫丹白露、第戎、萨仑，折入瑞士境内，游览了纳沙泰尔湖、伯尔尼、莱茵河、日内瓦、罗讷河，回到法国的里昂，最后到达马赛。郭嵩焘把家眷留在马赛，自己在马建忠等陪同下，从马塞陆路进入意大利，游览了那不勒斯。郭嵩焘在伦敦结识的安友会人士韩百里在意大利海滨拥有一橘庄，极富园林之胜，邀郭嵩焘往游。郭嵩焘与马建忠等遂搭车东行，途经土伦、尼斯、摩纳哥、芒通到达韩百里庄园。庄园背山面海，郭嵩焘在那里住了一日，饱尝了美丽的海景山色。翌日过后，韩百里亲自将郭嵩焘等送到那不勒斯。下一站是罗马。沿途经过萨沃纳、热那亚等沿海城镇，"村庄房屋，丹碧相辉，连绵数百里"，"山势环合，林木葱郁"，所过皆为胜境。他们本想绕道去佛罗伦萨一游。但恐时间不够，只好留下遗憾，驱车经比萨直驶罗马。在罗马，郭嵩焘参观了四大教堂，游览了八处古迹，观赏了三区风景，郭嵩焘认为"此行良不可少"。游罢罗马，大家乘汽车直驶那不勒斯。在韩百里的陪同下，郭嵩焘、马建忠等一起看了庞贝古城。转了一圈，又回到马赛，与夫人和孩子会合。郭嵩焘登上轮船，韩百里、马建忠等与郭嵩焘依依相别。

轮船经利巴里群岛、西西里岛、克里特岛、塞布里斯岛到达塞得港。由于苏伊士运河的通航，塞得港已成万人之都。后经小苦湖，进入苏伊士口、苏伊士海湾，入红海，又经麦加海岸，抵达亚丁。在亚丁需停一日。郭嵩焘遂雇马车一辆，游览了市容。

轮船驶出亚丁湾，过索科特拉岛，驶入汪洋。六天后抵达科伦坡，郭嵩焘又登岸游览，还参观了科伦坡已有一千八百年历史的博物院。之后起航东行。三天后驶过苏门答腊的班达亚齐后，抵达新加坡。领事胡璇泽率众迎候，备马车同往领事馆。晚上马六甲国王宴请。翌日，胡璇泽陪郭嵩焘回访，交谈中，知道国王亦取效西法，设立学馆，子侄并往英国剑桥留学。此后，郭嵩焘又约见了意大利、巴西、法国等领事。船启，过新加坡，二月二十九日抵达香港。

郭嵩焘在港停留三日，受到港督的热情接待。港商李逸、暂住香港的伍廷芳与王韬等都款待了郭嵩焘。

三月初二轮船驶过台湾海峡，翌日过福州五虎门，初四过浙江沿海，最后驶入长江口，于下午四时抵达吴淞，停碇口外。时为 1879 年 3 月 26 日。

## 无人理睬的"十万兴国良策"

几万里、四十余日的漫漫行程，给了郭嵩焘进一步观察世界的机会，也给了郭嵩焘思考的时间。他的脑子里有十万兴国之策，他的箱子里有记录了解、认知世界的五十余万字的日记。只是，由于种种原因，它们注定统统被历史埋没了。

## 出使的意义

郭嵩焘作为我国首任驻外公使出使的意义是重大的。

（一）以平等之身出现于世界民族之林，宣示古老的中国走向了世界。

（二）宣传自己，了解他人。就当时而言，了解他人的意义重大。可以说，郭嵩焘和他的同事们的工作记录，其中包括他们的日记、信函、奏折，以及他们办理的照会等，成为人们了解外部世界的极其珍贵的资料，可以称作后人了解当时英法和其他有关国家历史的百科全书。

（三）用自己的工作维护了国家的利益、民族的尊严。

（四）创业垂统，为我国使馆工作的全面开展提供了一种模式和样板。郭嵩焘和他的同事们开创的许多工作套路、原则和章程，一直为我们各个时期的使领馆所沿用。

（五）就郭嵩焘个人来讲，这段外交实践，促使他的思想达到了一个崭新的高度。他的许多思想超人一等，与他的这段经历息息相关。

# 第 5 章

## 郭嵩焘思想的历史地位

## 郭嵩焘思想综述

### 郭嵩焘思想的形成

第一次鸦片战争西方人打开中国大门的炮声，惊醒了一批沉睡着的中国人。区区万人的一支外国军队打来，把拥有80万军人的大清国打得落花流水，这是怎么一回事？最先被惊醒的是林则徐。林则徐总结打败仗的教训，是对敌情的无知。战后，他大声疾呼，要国人了解敌情。他自己则身体力行，广泛搜集西方报刊、书籍、地理历史资料，让一些懂英文的人进行翻译，整理编写《四洲志》。书未成，他的好友魏源以《四洲志》未成稿为基础，继续编写，于咸丰二年（1852）撰成《海国图志》。《海国图志》除世界历史、地理的知识外，还有"筹夷章程""夷情备采""战舰条议""器艺货币"等内容，从中可以看出编写者介绍西方、提倡学习西方的良苦用心。

关注这方面事情的还有几个人。道光二十六年（1846），广州的梁廷枬编写了《海国四说》，书中介绍了基督教、中外通商及英美两国历史、地理情况。

两年后，福建巡抚徐继畲编写了《瀛环志略》，书中介绍了世界各国地理方位和历史变革。

这些书籍的作者朦胧地看到，中国正在经历前所未有的变局，外夷将成为中国的麻烦，不能够不认真应对。特别是林则徐和魏源，他们看到了敌人船坚炮利，认识到危机的存在，提出应对变局的对策：师夷之长技以制夷。

这些人为数很少，声音微弱，但感染力极强——他们是茫茫黑暗中高举火把的人。火把在向下一代人传递。

郭嵩焘就是在这样的背景下开始觉醒的。第一次鸦片战争期间，他曾在浙江。那时他的思想还停留在很低的认识水平上，把洋人与中国古代边外的"夷蛮"同等看待。道光二十二年（1842）夏天，郭嵩焘从浙江回到湖南。次年，他谋到了一个到辰州教书的事由。而正是这一步，给郭嵩焘思想的转变提供了契机。他认识了辰州知府张晓峰。张晓峰是山东人，鸦片战争期间曾在登州。郭嵩焘记下了他跟张晓峰结交的情景，说："馆辰州，见张晓峰太守，语禁烟事本末，恍然悟自古边患之兴，皆由措理失宜，无可易者。嗣是读书观史，乃稍能窥知其节要，而辨正其得失。"当时的张晓峰对第一次鸦片战争的事比郭嵩焘知道得多，思想也较为开放。所以，两个人谈了禁烟的事后，郭嵩焘深受启发，"恍然"悟出一番道理，此后，再读书观史，便步入新的境界。可以说，此后郭嵩焘凡涉洋人之事，均强调一个"理"字，即以此为开端。这也意味着，郭嵩焘对待洋人、洋务的思想，已经开始有所转变。

郭嵩焘的思想真正发生变化，则是在他到达上海之后。

上海是第一次鸦片战争后按条约规定的五个通商口岸之一，又因英国人获得租借权，这里建成了外国租借地。所以，上海成了集中展示西方生活方式的中国城市。

上海有着这样的独特背景，而郭嵩焘已经不再是第一次鸦片战争期间的郭嵩焘——他的思想经过在辰州的"太守之教"，已经开始发生变化，对事物的观察，特别是对洋情的观察，已经有了新的角度和高度。

上海之行是郭嵩焘思想的初步形成时期，他的思想发生了巨大的变化。这从他回到江西后，曾国藩对他的看法可以得到佐证。当时，曾国藩在给左宗棠的信中说："往时徐松龛中丞著书，颇张大英夷，筠仙归自上海，亦震诧之。"

信中所说的徐松龛，就是徐继畲，"著书"，指的就是他写的《瀛环志略》。《瀛环志略》讲述的是各洲之疆域、种族、人口、沿革、建置、物产、生活、风俗、宗教、盛衰，以及列国比较，间有议论。讲到英国，说它"法度严明""繁华"，采取一种特殊的"公会制"（议会制），国家大事由"爵房"（参议院）、"乡绅房"（众议院）议决方可实行，本土虽小，但它的殖民地却遍布世界各地，印度是它的主要殖民地之一。

曾国藩说徐继畲的这些介绍"颇张大英夷"，并把郭嵩焘与徐继畲相提并论，认为郭嵩焘与徐继畲这样"张大英夷"的人的思想发生共鸣，是大不该的事。而这却说明，郭嵩焘的思想确实发生了变化。

前面我们介绍过，郭嵩焘进京后，中国和英法等国的关系发生巨变：彼此之间开了仗。这种变化引起了郭嵩焘有关应对洋务的新思考。同时，他充分利用身置京城的有利条件，如饥似渴地结交了解洋情、洋务的人士，大量搜集、阅读了有关外国的书籍。

他结交了周成、何秋涛、李湘棻等人。周成告诉郭嵩焘，道光二十五年时，俄罗斯曾进呈他们国家出版的图书数

160

十种，周成曾向大学士祁寯藻建议组织人把这些书翻译出来，可是祁寯藻没有接受周成的建议，拒绝的原因是，"恐其书不伦，徒伤国体"。但祁寯藻同意翻译书的目录。周成向郭嵩焘大体介绍了这批书的内容。郭嵩焘还从周成那里得到了魏源增加了新内容的《海国图志》一百卷。

郭嵩焘阅读了何秋涛讲述俄罗斯历史沿革的论文，还阅读了何秋涛的《北徼类编》。他从何秋涛那里得知，康熙时曾有《平定罗刹方略》一书。为了求得一读，他曾四处搜寻，查遍四库馆书目，不见收录，最后从潘祖荫那里得到，喜出望外。

在去山东之前，郭嵩焘就与李湘棻有交往，联系两人的纽带是书。李湘棻著有《平夷二十策》《练兵说要》和《江北前后路设防议》。郭嵩焘为了借阅，便结识了李湘棻。

总之，大凡了解外国情况的人士他必找，大凡介绍外国情况的书籍他必读。他研究了第一次鸦片战争的历史和当前与英法战争的进程，最后，在如何看待这场战争的问题上，如何估计战争结局的问题上，形成了自己一套独到的思想。郭嵩焘独到思想的核心，就是我们前面介绍过的"战无了局"。

郭嵩焘思想的发展和飞跃，主要是在任英国公使时期。这一时期，他身处洋境，有了直接了解洋情、认知世界的条件，这促使他的思想得到了发展和完善。这一时期，郭嵩焘有关"本末"的思想越加完善，他看到西方立国之本是体现在各个方面的。也是在这一时期，他的强国首先要富民的思想开始形成。同时，郭嵩焘似乎已经朦胧地意识到，自己身处之地，与中国相比，不但有两种制度的差异，而且有两种文化的差异。

另外，对中国存在的问题症结，郭嵩焘也有了较为清醒的认识。有一次，他与英国驻中国公使威妥玛谈话，谈到土耳其问题，郭嵩焘说，与土耳其相比，中国有劣势，也有优势：仿行西洋兵制，设立议政院，这些方面不及土耳其；以礼自处，无胜人之心，亦不至遽撄强敌，这些方面则胜过土耳其。威妥玛说他在中国多年，了解中国的情况，指出中国问题的症结在于"内修"。威妥玛说："能内修，虽有敌何害？不能内修，东西两洋皆敌国也。中国地利尽丰，人力尽足，要须从国政上实力考求，而后地利人才乃能为我用，以其利益。购买西洋几尊大炮、几支小枪，修造几处炮台，请问有何益处？"郭嵩焘很明白威妥玛这段话的意思，在当日记录他们的谈话的日记中说"其言语可云笃切"。

在回国的路上，同船的英国人傅兰雅向郭嵩焘讲了他在上海了解到的两件事：同治十三年日本入侵台湾，沿海戒严，中方将派一轮船驻扎吴淞江口，以备不虞。船上官兵三百余人。令下时，三百人中告病假的六十余人。开行时，又有半数开了小差。等到达吴淞时，船上剩下的只有二十人了。另一件事是：在上海一家铸枪厂，让童工用机器开通枪内膛。童工用车入二寸长的机器做活。问童工为什么舍长用短。童工回答说：我的工钱只值这么多。郭嵩焘记下这两件事后说："其言可谓沉痛。泰西制造机器所应取效者，岂止枪炮而已哉？人心风俗，偷敝至于此极，即有枪炮，亦资寇兵而贵盗粮而已。"

所有这些资料都使郭嵩焘认识到，学习西方不抓住本质，舍本求末是不会成功的。结合中国实际，他指出："中国大本全失，西法从何举行？勉强行之，亦徒劳耳！"

西方为什么会富强？这一问题一直在郭嵩焘脑子里盘旋。最后，他通过考察英国国家与人民之间的关系问题，找到了一把入门的钥匙。他发现，无论在经济运行方面，还是在文化教育及其他方面，那里的国家行政以"民利"为转移，国家所办的，都是给百姓提供方便。就是说，民众的要求和国家的要求是一致的。这样，整个国家才得以蒸蒸日上。

经济运行的状况在这方面表现得最为突出。经过多方考察后，郭嵩焘得出结论："英国行政务求便民，而因取民之有余以济国用，故其所设各官，皆以为民治事也，而委曲繁密，所以利国者，即寓于便民之中……此西洋之所以日致富强也。"

总之，他发现，中国除孔孟留下的"以礼自处，无胜人之心"之外，各个方面均不如人。他深深地感到中国落后了。他已经朦胧地觉察到这种落后是制度的落后。

这涉及"夷论"的问题。对于人们常常挂在嘴上的"夷"，他的认识有了根本性的变化。他看到了国人眼界的狭窄，说："中国士大夫一用其虚骄之气，庞然自大。井底之蛙，跃冶之金，非独所见小也，抑亦自甘于不祥矣。"他进而说：茫茫四海，"东方一隅为中国，余皆夷狄"，"吾所弗敢知矣"。

有一次，他得到一份资料，读后记录说："西洋政教修明之国曰色维来意斯得（郭嵩焘自注：文明的。下同），欧洲诸国皆名之。中国及土耳其及波斯曰哈甫色维来意斯得（半开化的）。其余阿非利加诸回国曰巴尔比里安（野蛮的），犹中国夷狄之称也，西洋谓之无教化。三代以前，独中国有教化耳，自汉以来，中国教化日益微灭，而政教风俗，欧洲各国乃独擅其胜，其视中国，亦犹三代盛时之视夷狄也。"郭嵩焘发出感慨："中国士大夫知此义者尚无其人，伤哉！"

郭嵩焘对西方文化不但考其流，而且考其源。有一天的日记中，他从古希腊"奥非吴""木西吴""希西吴"等人记起，一直记到"巴夫子"（柏拉图）、"亚力克山太"（亚里士多德），他记下了他们的学说和主张，最后说："希腊学问从亚力克山太以后传播天下，泰西学问皆根源于此。"

这说明，郭嵩焘看到了两种文化：一种是东方的，中国的，即孔孟之道；另一种是西方的，从古希腊开始，一脉相承。可以说，郭嵩焘的这些看法，代表了当时中国人观察、认知世界的最新成果。

## 郭嵩焘思想综述

对于郭嵩焘的思想，有关专家的综述和概括大同小异。其中南开大学的张静先生在其《郭嵩焘思想文化研究》中概括了七条：第一，"西夷"不是野蛮民族，而是和中国一样具有文明教化的民族。第二，西洋的文明教化自有其"道"和"理"，不低于中国文明，有的高于中国文明。第三，西人来华以通商营利为主，中国应以平等心态接纳洋人来华进行经济与文化交流。第四，中西各具有其本身力量所营造的利益范围所在，是为"势"，亦各具有捍卫与发展其利益所在范围的理论依据，是为"理"。发生利益冲突时，应首先通过谈判解决，尽量求同存异。可以让步的应该让步，根本利益所在则不应让步。第五，谈判破裂，即诉诸力量对比。

时敌强我弱已成定局，战争发生，我方胜算不大，故不能衅由我开。被迫应战也必须申明战争是对方挑起的，"使其屈在彼"。我方则是被迫进行自卫还击，输也要输个明白，即"方得无悔"，不能打糊涂仗。第六，要自求有效的"富强之术"，才可从根本上扭转我方的战争与外交劣势，才能用力量做我方之"理"的后盾，捍卫并发展我方之"势"，成长治久安之局。第七，要想做到以上各点，首先要能知彼知己。这就不仅需要"通夷情"，而且还要通"夷理"，通"夷法"，做官的不能是"夷盲"，读书人也不能是"夷盲"，这样才能放弃"中国样样是世界第一"的文化心态，互相尊重，按照双方都能接受的游戏规则，与对方平等交往。

张先生诙谐地说，对于郭嵩焘上述思想如果结论无误，那么把它作为一项决议案拿到21世纪的联合国组织或第三世界国际组织上去通过，除了第三项的前半部分有质疑或保留以外，大概不会有反对甚至弃权票。

我们看得很清楚，综述郭嵩焘思想，其历史地位有两个层面：其一，对当时社会主流思想而言，郭嵩焘敢为天下先，其思想具有启蒙的意义；其二，对洋务派而言，他"超乎其类，拔乎其萃"，其思想具有启下的意义。

# 郭嵩焘思想的启蒙意义

## 当时社会主流思想状况

郭嵩焘生活在"千年未有之变局"的开起时代。当时社会主流思想表现为：

### 1. 夜郎自大，不肯承认世事在变

1793年英国派马戛尔尼来华的故事是非常有名的，这是英国第一次正式派出来华使节。而这个故事之所以有名，并不是由于这个"第一次"，而是由于马戛尔尼见乾隆帝时行不行三跪九叩大礼的问题引起的种种周折。一定让马戛尔尼跪拜中国皇帝，反映了中国对世界事务的无知，大家用"普天之下，莫非王土，率土之滨，莫非王臣"这样的老观念来看待世界，因此把英国视同中国的属地，马戛尔尼前来，是称臣纳贡。一切礼仪均照这一观念办理。故而，乾隆皇帝给英国国王的回函，也被称作给番邦的"敕书"，而"敕书"之中自然也充斥着"中心帝王"的种种观念，书云："咨尔国王，远在重洋，倾心向化……航海来廷，叩祝万寿……"

英国哲学家罗素在一次关于"中国问题"的演讲中谈

到了上面提到的乾隆皇帝的那份"敕书"。"敕书"是文言文，讲起来听众不明白，于是罗素把上面我们引的那几句翻译成了英文白话文，讲给他的听众："你们英国这个野蛮僻陋的国度，怀着对中国的上国文明无比欣羡的情怀，派使前来……"讲到这里，台下的听众哄堂大笑。罗素见大家如此，便严肃地说："你们觉得可笑，说明你们不了解中国当时的历史背景和对外心理。如果了解了，就一点也不觉得可笑了……"

马戛尔尼的到来，犹如夏夜星空的一道流星，划破天空，一闪而过，在大清朝，没有什么人再注意它，没有一个人思考这样的问题：他们究竟来干什么？他们生活的那个国度是怎样的？地处哪里？有多大？发展状况是怎样的？如此等等。

那么，又过了一代人，统治者的观念是不是有所变化呢？ 1816年，英国政府第二次派出使臣来华，特使的名字叫阿美士德。阿美士德一行于当年农历七月初到达天津。当时中国的皇帝是嘉庆帝，嘉庆帝降旨，定于初七见阿美士德。但礼仪问题搅黄了这次接见：事先中国负责接待的官员像要求马戛尔尼一样要求阿美士德见到嘉庆皇帝时行三跪九叩礼。阿美士德坚决拒绝。事情拖到初七，阿美士德被催促到了嘉庆帝所在的圆明园。阿美士德毅然拒绝行三跪九叩礼，官员们急得团团转，最后只得取消计划，谎报英国使臣突然发病，不能如期谒见。嘉庆帝不知实情，传旨赏医调治，命副使入见。大臣们只得回奏，副使也病了。哪有这么巧的事？嘉庆帝听罢大怒，骂英国使臣这是有意蔑视天朝，遂下旨将英国使臣驱逐。过后，嘉庆帝问："其国富强，有诸？"大臣回答说："其富由中国，彼以所有易茶叶，转鬻于附近诸夷，故富耳。然一日无茶则病，禁之则穷，又安能强？"

就是这些被认为离开中国的茶叶活不下去的英国人，道光年间再次光临。而这一次，他们就不像马戛尔尼、阿美士德那样客气了。他们依靠远洋铁舰上的大炮打开了中国的大门，逼迫中国与他们签约，以武力张扬着他们的意志。中国打了败仗，割地赔款。通过打仗，道光皇帝知道了，原来英国是一个远在万里处于大海中的不起眼的岛国。可他至死都没有弄明白，自己这样一个处于天地中心的堂堂大国，为什么打不过一个天边的"小夷"？祖宗打下的江山，有一块，竟然无奈割给了这样的"小夷"，简直是奇耻大辱。临死时，由于觉得自己在这方面对不起祖宗，道光帝庄重地宣布：不要把自己的名号放入太庙，因为自己无颜面见列祖列宗。他甚至当着诸多大臣的面，对他的继位者说，谁要是违背了他的这一遗旨，谁就是不孝。

道光帝懵懵懂懂地交了班，咸丰帝则懵懵懂懂地接了班。道光帝没有明白的事，咸丰帝依然不明白。皇帝是这样，绝大多数大臣的思想状态也是这样，一般的百姓就更用不着说。第二次鸦片战争的过程就充分说明了这一点。

列强纷纷敲打着中国的大门，最后通过武力闯了进来。这是不能不承认的现实。但这些强力的闯入者是些什么人？他们进来究竟要干什么？当时的主流思想不肯究其所以。他们宁愿把这些人看成自古以来出没于中国边境的蛮夷，而如果考究这些人与往日的蛮夷有什么不同，那就是他们比往日的夷蛮更加蛮夷，简直就是一群猪狗。第一次鸦片战争中清军被打败，与英国签订《广州和约》后，道光帝就有这样的话："该夷性等犬羊，不值与之计较。"

**2. 盲目仇视洋人，以不与他们打交道为荣**

从第一次鸦片战争开始，英国人、法国人、美国人、俄国人，都带着枪炮进入中国。他们强行闯入，干了许多坏事，引起了中国人民的强烈不满，甚至仇视。这样，便在社会上引起了片面认识。大家普遍不愿意与这些人发生什么瓜葛。不得已非与他们接触，大家也是一只手捏着自己的鼻子，那劲头，犹如看待自己身边令人恶心的秽物。光绪元年春节，总理衙门组织在京官员与外国使节共贺新年，时任大学士、军机大臣的翁同龢被拉了去，结果，他拒吃洋食，自己回来在日记中以"饥寒交迫"来形容那一天难熬的日子。

### 3. 面对变局，缺乏正确的应对之法

整个朝廷和民众，对洋人有一种强烈的不信任感，而且一任这种不信任感控制思维。大家什么事情都不问究竟，处于一种可怕的盲目状态。在这样的思想状况之下，对于洋人的一举一动，都反应失当，甚至丧失理智。这就决定，应对时每每没有章法，其中包括开战时，不可能做到知己知彼，而是走一步看一步，最后等着的，肯定是败仗。第一次鸦片战争的过程是这样，第二次鸦片战争的过程也是这样。

### 4. 愚昧无知，吃亏上当，浑然不觉

第一次鸦片战争的失败，中国战败的原因是多方面的。其中洋人船坚炮利，中国的大刀长矛难以抵挡是重要原因。按照现在的说法，这是热兵器与冷兵器的对阵，是两个时代的较量，这决定中国不可能赢。当时，人们不会有这种认识，但大刀长矛难以抵挡船坚炮利这一事实是很容易被看到的。

而对于比武器这些硬件更让当时的中国吃亏，或者说更让中国受害的"软件"方面——人们的无知——却被熟视无睹。

第一次鸦片战争，中国战败，被迫与英法等国签订了不平等条约。这是战场上与洋人对阵出现的后果。还有更为可

怕的后果，则是中国人的无知酿成。道光帝在战争中吃了亏，害怕什么地方弄不好引起新的纠纷和新的战争，便希望能够在条约中注明各项细节，消弭一切可能发生的衅端，达到"万年和好"的目的，于是在中英《南京条约》签订前后，多次谕令与外国人进行签约交涉的耆英、伊里布等，对英国人要"反复开导，不厌详细，应添注于约内者，必须明白简当，力杜后患，决不可将就目前，草率了事"。遵照道光帝的旨意，《南京条约》签订后的第三日，中方照会英方代表，提出十二款与英方交涉。这十二款的提出，主观上如同道光帝所示，"力杜后患"，而实际上是授人以柄：一方面，把完全属于中国主权由中国自行决定的事，拿出来与外国人谈判，实际上是把自己的决定权交给外国人。外国人则借中方的无知，提出无理要求，收益甚多。概括起来，获得了领事裁判权、租借权、片面最惠国待遇、军舰自由出入通商口岸权、海关权，等等。

第二次鸦片战争几乎是重演第一次鸦片战争的过程，中国方面的无知带来的损失依然是巨大的。从战争一开始中方就没有弄明白英法的真正意图，一直处于懵懂状态。身在南海负责与英法直接进行外交交涉的两广总督叶名琛，对英法的要求不认真研讨，不慎重对待，一个"拒"字贯彻始终，闹到最后不但让国家受辱，自身也被攻进城来的英法军队掳了去。英法攻打广州城，战争已经在大规模进行之中，而广州城池被攻破后一个月，远在北京的咸丰帝还蒙在鼓里。其实，即使咸丰帝知道真情，情况也不一定能变得好些。此后的种种决策，也完全说明咸丰帝同样是一个懵懂的人，既对英法行动的总意图不明了，又对英法的战争部署不清楚，结果是战抚不定，走一步看一步，处处被动，最后不得不与英法签订城下之盟。

### 5. 观念陈旧，受辱上当，以阿Q精神自慰

了解第二次鸦片战争史的人都清楚，英法军队所以从南方一步步打到北京，最后咸丰帝躲到承德去，核心的诱因是清廷拒绝英法使节进北京。而拒绝的原因，就是礼仪问题：不接受英国使臣见中国皇帝时行洋礼。

在当时的西方，国际法的一些基本准则，其中包括各国之间平等相待的原则已经确立，互派使节在对方常驻，已经成为普遍的国际惯例。但当时的中国人对国际形势的现状一概不知，对当时国际关系的状况和游戏规则全然不明，谈起国际惯例来更是一头雾水，依然抱住"普天之下，莫非王土，率土之滨，莫非王臣"的老皇历不放，因此，碰到外国使臣见中国皇帝拒绝跪拜的情况时，不但感到不解，而且感到愤怒。西方国家使臣对中国人对他们的蔑视同样感到愤怒。

中国把与外国人进行外交交涉的事宜放在广州办理，固然是由于第一次鸦片战争是在那里发起，广州本身是通商口岸之一。但最主要的原因，是那里"天高皇帝远"，中国皇帝可以免除与外国人打交道带来的种种麻烦，也免得产生什么礼仪问题。

问题是，这虽然减少了中国皇帝的麻烦，避免产生"非体统"的问题，可在英法看来，这却不但给他们带来了麻烦，而且让他们觉得自己受到了不公正的待遇，甚至于觉得受到了侮辱。所以，英法等国决定，一定要把自己的代表送到北京去。

挑起第二次鸦片战争的是英国人、法国人，以及美国人和俄国人。他们是入侵者。是他们直接违背了国际法的基本准则，强行进入一个独立的主权国家，要这个国家按照他们的意愿做这做那，稍不遂意，就动枪动刀。他们进入中国，烧杀抢掠，罪行累累。问题是，经历了工业革命的西方大国已经崛起，仍处于农耕时代的老旧中国，总体上处于劣势。在那样一个弱肉强食的时代里，当时的中国本就软弱可欺，而面对世界巨变，中国统治者所表现的无知、保守和迂腐，更让我们这个软弱可欺的国度，变得越发软弱越发可欺。

我们后人回顾那一段历史，往往只看到物质的损失，圆明园被烧，多少白银流到了外国，让人痛惜不已。其实，论起损失，最让人撕心裂肺的还是精神方面遭受的创痛——国家、民族的屈辱。

英法大军攻进北京，咸丰帝一走了之，留下弟弟恭亲王奕䜣收拾残局。最后，恭亲王不得不蒙受巨大羞辱，与英法签订不平等条约。

**郭嵩焘启蒙思想分析**

对于郭嵩焘的启蒙思想，我们可以从以下三点进行分析：

**1. 关于了解"夷情"**

我们前面介绍的当时社会主流思想的五种表现，其根源在于对"夷情"的漠然不解。郭嵩焘思想的启蒙意义，也首先表现在这一方面。从他初涉洋务到他迟暮之年，可以说，他穷其一生，一直在了解"夷情"上下功夫，同时一生没有忘记在了解夷情方面呼请百姓、官员、最高统治者去除盲目性，增强自觉性。

在郭嵩焘看来，了解夷情有四个症结：

（1）要清醒地认识到时代在变，或者说，要认识到古老的中华民族正在面临千古未有之变局，按他的说法是："夷人之变，为旷古所未有。"

（2）要看清楚"西夷"进入中国的新特点。他的观察结

175

论是，"西夷"与往日周边的"夷人"有许多为人们不熟悉、不理解的新特征。他们给中国造成的麻烦，与古代边境"夷族"的入侵大不相同。古代边境"夷族"的入侵，意在占领中原的土地，进行公开的掠夺。而"西夷"志在"通商"，"无意于中国土地人民"。

（3）中国与"西夷"的实力对比，"西夷"处于明显的优势地位，而且他们联通一气，"一来俱来"，令中国处于被动地位。

（4）有以上三点，可以得出一个总体认识："夷患至今已成，无论中国所以处之何如，总之为祸而已。然能揣其情，以柔相制，其祸迟而小。不能知其情，而欲以刚相胜，以急撄其怒，其祸速而大。此又自古以来夷祸之一变局也。"

**2. 关于应对之法**

（1）讲究势、理、情"三端"

应对洋人，处理夷务，郭嵩焘讲究势、理、情。什么是势？张静先生解释为"中西各具有其本身力量所营造的利益范围所在"。说得通俗些，就是双方力量对比的态势。什么又是理？张静先生解释为双方"捍卫与发展其利益所在范围的理论依据"。说得通俗些，就是双方处理彼此关系时讲究的是非曲直。什么是情？就是双方处世具有的感情。郭嵩焘认为，势、理、情中，最重要的是势和理。他说："办理洋务，一言以蔽之曰：讲求应付之方而已矣。应付之方，不越理、势二者。"那么，如何把握势与理呢？他说，势，有彼之所争之势，有我所必争之势。这样，就需权其轻重，视其缓急。"彼之所必争，不能不应者也；彼所必争，而亦我之所必争，又所万不能应者也；宜应者许之更无迟疑，不宜应者拒之亦更无屈挠"。意思是说，凡是对方所必争之事，我们不能够置之不理。而遇到对方必争、我方亦必争的情况，能够答应的，就"许之"，不必迟疑；不能够答应的，就"拒之"，无须"屈挠"。势与理的关系是："势足而理固不能违，势不足而别无可恃，尤恃理以折之"。对于"情"，郭嵩焘也进行了细心的考察。早在咸丰末年他就指出，对于洋人，"有情可以揣度"。到英国之后，郭嵩焘经过观察，看出洋人在感情方面与中国人有"四同"："趋利避害同，喜谀恶直同，舍逆取顺同，求达其志而不乐阻遏其气同"。郭嵩焘因此得出结论："贤者以理折衷，可以利之顺之，亦未尝不可直言之因而阻遏之。取足于理，强者亦可使退听。"

（2）在把握势、理、情的前提下，谋求长远之策

郭嵩焘比较中外之势得出结论，总体上说，敌强我弱，而且这种态势不是短期能够改变的。据此，他得出两方面的论断，一是中国不要轻易与外国人言战，更不要主动出击；二是中国要从长计议，"借法自强"，即学习洋人先进之处，

徐图自身强盛。

关于第一个方面，即战与和的问题，曾是郭嵩焘与社会主流思想争论的一个焦点。观察与洋人的战与和的问题，郭嵩焘总是从势、理出发。他说："孙武之言战也，曰知己知彼。所谓知彼者，知其国势之强弱，知其人才之能否，知其势之所极与其计画之所从出，而后可以总揽全局，以决胜负之机。"中国国势弱于洋人，中国应该因而确定自己的方略：发生利益冲突，应首先通过谈判解决。可以让步的应该让步，根本利益所在则不应让步。谈判一旦破裂，双方诉诸武力，首先要掌握不能衅由我开。被迫应战也必须申明战争是对方挑起的，"使其屈在彼"。我方被迫进行自卫还击，输，也输个明白，"方得无悔"，不打糊涂仗。

关于"借法自强"的问题，郭嵩焘既是实干家，又是宣传鼓吹者。他这方面的思想我们在前面已经作了较全面的介绍，其中有许多论述十分精辟且具前瞻性，像为推进洋务运动需培养人才的论述，像学习西方需求本逐末的论述，像关于铁路、通信重要性的论述，等等。另外，他对中国的实际看得较为透彻，认定中国的富强绝非一日之功，说："以今日人心风俗言之，必有圣人接踵而起，垂三百年而始有振兴之望。"

# 郭嵩焘思想对洋务派的超越及其意义

## 对洋务派的超越

光绪年间李鸿章有这样的话："当世所识英豪，与洋务相近而知政体者，以筠仙为最。"对这个"最"，郭嵩焘自己则毫不客气地接受了下来。我们在前面曾经介绍过他到伦敦后写给李鸿章的那封著名的信——《伦敦致李伯相》。就是在那封信中，郭嵩焘将自己与洋务派的其他几位领军人物进行了一番比较。他说：讲洋务，"中堂能见其大，丁禹生能致其精，沈幼丹能尽其实"。中堂是指李鸿章，丁禹生是丁日昌，沈幼丹是沈葆桢。下文中的"宝相"是指宝整，他们都是当时洋务派的头面人物。郭嵩焘接着说："宝相笑谓嵩焘既精且大。嵩焘答言：'岂惟不敢望精且大，生平学问皆在虚处，无致实之功，其距幼丹尚远。'"接着，笔锋一转，道："虽然，考古证今，知其大要，由汉、唐推之三代经国怀远之略，与今日所以异同损益之宜，独有以知其深。"李鸿章占一"大"字，丁禹生占一"精"字，沈葆桢占一"实"字，郭嵩焘独占一"深"字。

郭嵩焘与洋务派的不同，就在于这个"深"字。这个

"深"字可不是易得的，是郭嵩焘一生苦苦追求的结果。他处于忧患，一心自强；思想敏锐，敢为天下先；孤傲独行，舍我其谁。正由于这，他才能"知晓洋务要领"，了解古今"异同损益"，以此把握中国"经国怀远之略"。

### 1. 强国之路：本与末

向西方学习学什么？洋务派清一色学在军事，看重的是夷人的船坚炮利。郭嵩焘从很早就看到了洋务派的短视，提出了本与末的问题。郭嵩焘思想之"深"，就深在这里。郭嵩焘认为，办洋务，学习西方，第一要义需推求西方诸国的"立国本末"。他说，自有洋务以来，中国士大夫中"凡名为知洋务者，粗细其情势而已，无通知其本末者"。晚年，他与好友张力臣等人谈洋务，他说，张力臣对于洋务知道得不少，可惜不能精深，问及西洋政教风俗本源之所在，不甚了了。郭嵩焘进一步说，李鸿章、沈葆桢、丁日昌这类人物犯有同样的毛病，他们"专意考求富强之术，于本源处尚无讨论，是治末而忘其本，穷委而昧其源也；纵令所求之艺能与洋人并驾齐驱，犹未也，况其相去尚不可以道里计乎"！关于学习西方的本与末，郭嵩焘的思想也有一个深化过程。光绪元年，他就恭亲王奕䜣所论海防事宜上奏中说："西洋立国有本有末，其本在朝廷政教，其末在商贾、造船、制器，相辅以益其强。"他把"朝廷政教"看成西洋立国之本。

到英国之后，他的看法发生了飞跃。他判定，西方"立国本末，所以持久而国势益张者，则在巴力门议政院（议会）有维持国是之义；设买阿尔（**市长，此为行政长官之意**）治民，有顺从民愿之情。二者相持，是以君与民交相维系，迭盛迭衰，而立国千余年终以不敝，人才学问相承以起，而皆有以自效，此其立国之本也"。这已经十分接近了西方立国的本质。

### 2. 富国之路："富国强兵"与"民富国强"

学习西方以致富强，是近代中国的一种进步追求。洋务派领导了这一致强运动。那么，富强的主体是什么呢？当然是国家。在致富和强国的问题上，郭嵩焘与洋务派是没有分歧的。可通过什么途径能够使国家得以富强呢？在这个问题上，郭嵩焘与洋务派之间便产生了严重分歧。

我们知道，洋务派在创办军事工业遇到困难的情况下，产生了"寓强于富"的理念，为了求强，需要求富。因为在几千年来形成的自然经济结构下，小农和家庭手工业所生产的产品，无法满足大量购置洋枪洋炮、组建一支强大的军队的需要。在这种情况下，必须另谋别图——这个图，就是求富，于是形成"寓强于富"的理念，有了开矿山、修铁路、建工厂的实践。

问题是，洋务派，特别是洋务派的首领们，他们把求富完全局限在了"国家"的理念之内：求富的主体是国家，求富之路也由国家来走——开矿山、修铁路、建工厂，所有这一切均由国家承办。

这与郭嵩焘的主张是不同的。

早在出使英国之前，郭嵩焘对洋务实权派在这方面的做法就提出了异议。他在广东任巡抚期间，从英领事罗伯逊那里了解到，西洋诸国轮船、铁路都是由商人经营的。他曾上奏折，讲明这一情况。强调国家的职能应该是"因民之利而为之制"。到英国之后，他考察了英国经济运行情况，对英国富国的"要诀"看得越加清楚，遂形成了自己的"民富国强"说，或曰"国强先富民"说。他指出：

（1）国强由民富所致。他说："泰西富强之业，资之民商，而其治国之径，务用其技巧通致数万里货物……销路多而及远。其人民趋事兴工，日增富实，无有穷困不自存者。""民商厚积其势以拱卫国家，国大者数千里，小者一二百里，莫不皆然。"他得出结论："西洋之富专在民，不在国家也。"

（2）民穷国难富。郭嵩焘指出：国富一定建筑在民富的基础之上。他发问："岂有百姓穷困而国家自求富强之理？"国家的百姓食不果腹、衣不遮体，朝不保夕，国强就无从谈起。

（3）国、民相互维系。他指出，西方各国的国富寓于民富，国家的职能在于管理，而不在于自己直接经营，对商民的发展不但不滥加限制，反而给予鼓励和支持。他说："泰西立国之势与百姓共之。国家有所举废，百姓皆与其议；百姓有所为利害，国家皆与赞其成而防其患……民有利则归之国家，国家有利则任之人民。是以事举而力常有继，费烦而用常有余。""其国家与其人民交相维系，并心一力，以力为程。"

郭嵩焘一眼便看穿了洋务派的弊病，说："今言富强者，一视为国家本计，与百姓无与。"鉴于这样的认识，郭嵩焘对洋务派这种只想到国家，不顾及人民的想法和做法提出了尖锐的批评。他说："中国舟车之利不出其域中，而又禁百姓使不得有兴造，用其锱铢搜取之财力，强开铁路于尘沙数千里无可筑基之地，以通南北数府县之气，未知其利果安在也？其烦费过多，开通道路过远，终必不能望有成功，且勿论矣。"

他还指出："天地自然之利，百姓皆能经营，不必官为督率。若径由官开采，则将强夺民业，烦扰百端，百姓岂能顺从，而在官者之烦费又不知所纪极，为利无几，而所损耗必愈多。若仍督民为之，则亦百姓之利而已，国家何恃以为富强之基乎？"在这里他旗帜鲜明地反对：（一）一切求富的

183

企业由国家来经营；（二）与民争利。

### 3. 强国之道："制夷"与"共存"

"师夷长技以制夷"中的"制"字，具有深刻的内涵。它的含义与"富国强兵""寓强于富"所含有的意义都是一脉相承的。这就是学习西方的长处，最终的目的是让西方臣服。

当初，郭嵩焘并没有反对这种提法。等他到了英国，实地考察了西洋的实际状况之后，特别是他看到了中西两种文化并存的现实之后，他思想中的"制夷"理念，便发生了深刻的变化。

郭嵩焘是孔孟之道的"原教旨主义者"，即坚持孔孟之道，反对自汉武帝以来变了味的儒学。孔子的怀远思想，对郭嵩焘有着根深蒂固的影响。到了英国之后，孔子的怀远论向他提出了新的课题：往日，孔子的怀远论，是针对中国周围的"夷蛮"民族提出来的。现在，他发现了另外一个不属于那种"夷蛮"的民族。这个民族，不但称不上"夷蛮"，而且在许多方面都比中国表现得优越。那么，应该如何对待这样的民族呢？

他从《中庸》找到了解决疑问的一把钥匙。他记述说："《中庸》之言曰：'成己，仁也。成物，知也。性之德也，合内外之道也。'必如此而后足以尽圣人之能事。圣贤不欲以兼爱乱人道之本，其道专于自守。"郭嵩焘开了窍：要把自己国家的事情办好。换句话说，学到西方的长处，不应该是反过去"制夷"，而应该是利己之民。

随后，他又从比较各国宗教的异同中找到了答案。有一次，他拜访博通各国之学的友人嘎尔得尔。嘎尔得尔讲了"孔孟佛老及耶稣异同之旨"后，说："推而言之，希腊、罗马各种学问，皆归本于心。心即天也，此天下各国心理之同然者也。"郭嵩焘听后深受启发。他对历史重新作考察，发现："中国二三千年皆与外国争强弱，西洋局面却是不同，其国势皆极强，而无争强之心，一意推行其长处，使天下皆知仿效。一切可以取益，而不必存猜嫌。"这也意味着，郭嵩焘放弃了"制夷"的思想。

后来，有人给他一首诗，叫《赠别》。他在日记中记述说该诗"凡八解"。他特记一解："如一家人，行所无事。义礼之精，东西不二。"他引用孟子的话："禹之行水也，行其所无事也。如知者亦行其所无事，则知亦大矣。"日记中他接着说："吾才不能逮也，而于交涉洋务，一以无事处之。所谓'无事'非他，和平而已矣。惟公故平，惟明故和，公而明，斯能一视以无事。豚鱼之信，犹有孚焉，况若泰西之崇尚邦交者乎？三十年办理洋务，只坐自生事，惟不能行所无事，而事以繁生矣。孟子之言，实今时办理洋务之要诀也，而知此义者谁哉！"这表明，郭嵩焘最终弄明白了，办理洋务，应该求得"无事"。而"无事"非他，和平而已矣。

这样，"制夷"不见了踪影，看到的是两种制度的共处，两种文化的并存和交融。

就此，当时的洋务派嘲笑郭嵩焘"呆气十足"。时至今日，我们也认为郭嵩焘是一位理想主义者。因为在那样的弱肉强食的时代，已经异常孱弱的中国，是不配与列强讲和平的。但我们能谴责一位既找到符合孔孟之道，又符合世界理想秩序的真理的智者吗？

**4. 洋务派闷头自干，郭嵩焘主张发动一场思想启蒙运动**

郭嵩焘在南书房时，与翁同龢的一次谈话中谈到了解洋情的重要性。他说："能知洋情，而后知所以控制之法；不知洋情，所向皆荆棘也。"他对翁同龢说："吾每见士大夫，即倾情告之，而遂以是大招物议。为语及洋情，不乐，诟毁之。然则士大夫所求知者，诟毁洋人之词，非求知洋情者也。京师士大夫不下万人，人皆知诟毁洋人，安事吾一人而附益之？但以诟毁洋人为快，一切不复求知，此洋祸所以日深，士大夫之心思智虑所以日趋于浮嚣，而终归于无用也。"

此后，他见洋务派人物每每屈于社会压力，不敢申明观点，采取回避的办法，极为不满，说"知者掩饰，不知者狂迷",情势非常危险。

到英国之后,他的思想境界再次发生变化。他进一步看到,"天下大势,与西洋交涉已成终古不变之局",西方步步紧逼,而中国士大夫却"贸贸焉",昏昏然。对于中国人这种麻木,郭嵩焘引以为"大耻"。

为改变这种状况,郭嵩焘在《伦敦致李伯相》中向李鸿章提出了自己的建议。写信的主要目的是建议在中国修建铁路。郭嵩焘晓得中国修建铁路的难处,其中如何应对民众反对的问题,是难中之难。对此,郭嵩焘的看法是:为官的,特别是当朝高官,首先自己要弄清楚修建铁路的必要性,同时要大力做民众的工作,让他们明白事理。他说:"世人一哄之议论,无与发其蒙者,何不近据事实征之?中国百姓,自为之而自利之,无故群起而相阻难。""群起而相阻难"的结果,是使有利于民众的事做不成,外国人从中得到利益,致使中国无以自立。郭嵩焘引用孟子的话:"天之生此民也,使先知觉后知,使先觉觉后觉也。"他发挥说:"先知先觉之任,必朝廷大臣任之。是以政教明则士大夫之议论自息,亦在朝廷断行之而已。"

洋务派首领们听不进郭嵩焘的话,使郭嵩焘很是失望。洋务派非但自己不宣传,也劝郭嵩焘少对人谈洋务,尽管他们是出于好意,怕郭嵩焘因此受到更多的攻击。郭嵩焘则不以为然。

## 开启未来

　　郭嵩焘是第一位被派往外国常驻的公使。郭嵩焘被派出不久，陈兰彬使美，何如璋使日。后来，曾纪泽、李凤苞、薛福成等人相继出任公使。人们的视野打开，对外部的认知有了前所未有的变化。一批先进的知识分子原是支持洋务运动的。但打开眼界之后，他们认识到，"借法自强"，搞洋务运动，有其开创意义，但学习的内容，像船坚炮利、机器生产、声光化电等，并非西学的根本。这样，对于洋务运动，他们由支持、建议转为批评。这些人，后来被史家称为早期维新思想家。而这些人大都受了郭嵩焘的影响。

　　前面我们介绍郭嵩焘在本末、富国和富民等几个问题上对洋务思潮的超越，实际上就是对洋务运动的批评。在这方面，一批年轻思想家跟了上来，其中有王韬、马建忠、薛福成、陈炽、郑观应等。王韬批评洋务派练兵、整边、制火器和船舰没有学到根本之处："今日我国之急务，首先在治民，其次在治兵。"马建忠则说，西方"讲富者以护商会为本，求强者以得民心为要"。薛福成认为保护商业，求得人民拥护是国家富强之本。陈炽批评洋务派所学西方是"遗其大体而袭其皮毛"。郑观应认为洋务派搞的那一套是"逐末而忘本"。

王韬、马建忠、陈炽、郑观应、薛福成等人最后得出结论，西方立国之本，在于重视工商业与君主立宪政治。在这方面，郑观应的思想最有代表性，他在经济上提倡"商战"，即发展中国的民族资本，对抗西方资本主义的入侵；在政治上呼吁实现议会民主："欲张国势，莫要于得民心；欲得民心，莫要于通下情；欲通下情，莫要于设议院。"

经济上，郭嵩焘宣扬"民富国强"，说"国富由民富所致""民穷国难富"，主张"国、民相互维系"；政治上，指出西方"立国本末，所以持久而国势益张者，则在巴力门议政院（议会）有维持国是之义；设买阿尔（**市长，此为行政长官之意**）治民，有顺从民愿之情。二者相持，是以君与民交相维系，迭盛迭衰，而立国千余年终以不敝，人才学问相承以起，而皆有以自效"。实际上，他已经站到了一个门槛前，再迈一步，就进入早期维新派的行列了。

# 第 6 章

# 对郭嵩焘历史地位的评述

## 逝世时各方的评论

郭嵩焘的逝世，引起许多人对他的悼念，特别是他的朋友们，无不感到惋惜。有些人写文章，如他的密友王先谦写《兵部左侍郎郭公神道碑》，全面地介绍了郭嵩焘的事迹、品德和著作。更多的人则为他生前被"谤"鸣不平。

动作最大的，是李鸿章与其他几个人联名向朝廷写了一个奏疏，疏中详细列举了郭嵩焘的生平事迹，恳请把郭嵩焘的名字放入"史馆"并赐谥。疏中着重讲了郭嵩焘在与太平军作战中所起的作用，同时对郭嵩焘在洋务活动方面的成就给予了充分肯定，说郭嵩焘"生平于洋务最为究心，所论利害皆洞入精微，事后无不征验。前后条列备件，外廷多不尽知。病归后每与臣书，言及中外交涉各端，反复周详，深虑长言，若忧在己。乞今展阅，敬其忠爱之诚老而弥笃，且深叹不竟其用为可惜也"。对郭嵩焘的出使也作了肯定，说"遣使之初，人皆视为畏途，朝命特以充选。在西洋三年，考究利病，知无不言"，他们提出："应请旨宣付国史馆，并饬下湖南巡抚录其所著书，咨送史馆，以垂不朽。"清廷并没有答应这些请求，说："郭嵩焘出使外洋，所著书籍，颇滋物议，所请着不准行。"

## 民主革命时期的评论

民主革命时期，许多人又想起了郭嵩焘。光绪二十一年（1895）谭嗣同写《浏阳兴算记》，文中说："中国沿元、明之制，号十八行省，而湖南独以疾恶洋务名于地球。及究其洋务之谓，则皆今日切要之大政事，惟无教化之土番野蛮或不识之，何湖南乃尔陋邪？然闻世之称精解洋务，又必曰湘阴郭筠仙侍郎、湘乡曾劼刚（纪泽）侍郎，虽西国亦云然。两侍郎可为湖南光矣……"次年，谭嗣同在《报贝元征书》中又说："郭筠仙侍郎归自泰西，拟西国于唐、虞、三代之盛，几为士论所不容。"著名民主革命家杨毓麟，在1903

年发表的《新湖南》中对郭嵩焘也作了积极评价。

梁启超在《中国近三百年学术史》中提到郭嵩焘，说郭嵩焘知道西人还有藏在"船坚炮利"背后的学问，对于"西学的观念"，渐有所变。梁启超说，但这是少数中之极少数，一般士大夫对于这种"洋货"，依然极端地轻蔑排斥。梁启超进一步指出，当时最能了解西学的郭筠仙，竟被所谓"清流舆论"者万般排挤，侘傺以死。这类事实，最足为时代心理写照。

此后，还有一些人在提到郭嵩焘、研究郭嵩焘。如1937年出版的《史地杂志》创刊号上发表了柳定生的《郭嵩焘传》。《雄风》发表了沧海的《郭嵩焘先生》。1940年楚金发表《郭筠仙手札并跋》。还有钱基博的《近百年湖南学风》、李肖聃的《湘学略》均有专门论述郭嵩焘的章节。

## 新中国成立后三十年间的评论

新中国成立之后至80年代之前，大陆对郭嵩焘系统研究的论著很少，即使有些论著在涉及郭嵩焘时，也往往将他列入湘军集团或洋务派之列，予以贬斥。

1950年出版的《洋务运动》一书，书中是这样评价洋务运动的："所谓洋务运动（或称"同光新政"），乃是清朝统治者在汉族地主官僚和外国侵略者的支持下，用出卖中国人民利益的办法，换取外洋枪炮船只来武装自己，血腥地镇压中国人民起义，借以保存封建政权的残骸为目的的运动。毫无疑问，这是一个反动的、卖国的、并以军事为中心的运动。"

从这段话中，我们不难推断作者如何看待郭嵩焘。

1969 年，台湾出版了郭廷以编的《郭嵩焘先生年谱》，全面系统地对郭嵩焘作了介绍。1978 年英国剑桥大学出版社出版了费正清主编的《剑桥中国史》，第十卷、第十一卷（中国社会科学出版社以《剑桥中国晚清史》为名出版中译本）中多处论及郭嵩焘，把郭嵩焘与王韬、丁日昌、郑观应等列入"改革家"行列。

## 改革开放时期的评论

改革开放之后，我国学术界对郭嵩焘的认识发生了巨大变化。1988 年，天津教育出版社出版了林言椒、李喜所主编的《中国近代人物研究信息》，书中指出："解放后三十年，郭嵩焘的专题等于是空白。所以，真正的关于郭嵩焘的学术专题研究是在 1980 年之后。"该书将 1980 年至 1988 年期间有关郭嵩焘评价的观点进行了概括。该书作者自己对郭嵩焘的看法是：为中国近代著名的政治家、思想家、外交家，又是一个长期被历史学家忘却的人。

这期间，湖南人民出版社出版了《郭嵩焘日记》（1980～1983），岳麓书社出版了《郭嵩焘奏稿》（1983）和《郭嵩焘诗文集》（1984）。

1989年，辽宁人民出版社出版了曾永玲的专著《郭嵩焘大传》。曾永玲在书中说，郭嵩焘是"晚清社会，尤其是封建官吏中罕见的思想解放派"。郭嵩焘的思想"具有反传统的极其丰富的内容"，"郭嵩焘的历史贡献，在于他是一个勇敢的开拓者"，并指出："在当时的出国人员中，他留给后人关于西方文化的资料是最丰富的。"书中用相当的篇幅介绍了后期的郭嵩焘对洋务派的批评，意在表明晚期郭嵩焘思想上对洋务派的超越。

2001年，南开大学出版社出版了张静的《郭嵩焘思想文化研究》，书中从文化的角度对郭嵩焘的思想进行了探讨，对郭嵩焘的思想作出了积极评价，特别强调了郭嵩焘思想对洋务派的超越。作者指出："郭嵩焘在时局剧变中，提出的洋务主张超过了一般洋务派，赋予了新的时代内涵。学习西方不仅仅停留在船坚炮利的物质层次上，而是学习西方的一切长处，直至更深层次的政治、经济制度。只有把出发点放在学习西方、富强国家上，才能从根本上改变仅是仿袭表层文化带来的被动，从而跟上潮流大势的发展。郭嵩焘以其远见卓识肯定了西方社会的先进之处，吸收融合了西方文化。他的主张对后来资产阶级改良派产生了深刻影响，也使他成为洋务时期最早主张向西方学习、寻找真理的代表。"

2006 年，南京大学出版社出版王兴国的《中国思想家评传丛书——郭嵩焘评传》，对郭嵩焘的思想进行了全面评介。

2006 年，中华书局出版了台湾作家汪荣祖所著《走向世界的挫折·郭嵩焘与道咸同光时代》，从一个新的角度对郭嵩焘的事迹和思想进行了探讨，对郭嵩焘的评价更为积极。汪荣祖说他的这本书是"写一个人，以及这个人生长的时代"。作者在书中指出：郭嵩焘同时的政府中人，如李鸿章、沈葆桢、丁日昌等，均以洋务见称，官位甚至比郭更大，影响力比郭必然有过之而无不及。但是他们的洋务仅止于坚船利炮的自强，一意欲以洋枪洋炮来巩固既有体制。郭则进一步涉及体制的改革，并且批评到传统士大夫的灵魂深处。他又不避赞美西方之讳，而且择善固执，于私函中自谓，虽"谤毁遍天下，而吾心泰然"；因自觉"所犯以骂讥笑侮而不悔者，求有益国家也"。于此可见李、沈、丁辈虽亦遭世诟骂，远不如郭之甚，并非偶然。而郭氏执着之深，正见其信心之坚。当时人觉其独醉而众醒，但今日视之，实众醉而斯人独醒！

　　"郭嵩焘确是那个时代中，最勇于挽澜之人。我们追踪其人，印证其时、其地，很可觉察到此人的孤愤与无奈。他的思想过于先进，同时代人鲜能接受；他的个性貌似恭俭，实甚自负与固执。以至于被视为易遭物议、性格褊狭之人，终身受挫。其实他一生有很好的人际关系，不仅与曾国藩、左宗棠有亲密的关系，而且得到咸丰皇帝、慈禧太后，以及恭亲王奕诉的赏识。但这些关系，由于他的思想与个性，对他没有多大的帮助……总之，郭嵩焘作为一挽澜者，不仅未能起中流砥柱的作用，反被浪潮席卷而去。今日过了一个世纪，寻看古人遗迹，不能不欣赏这个当时的弄潮儿。这个弄潮儿的挫折，很可能说明那个挫折的时代。"

　　开头我们引用郭嵩焘的诗，指出其中的"流芳百代千龄后，定识人间有此人"最能引起关注。两句诗的意思是说历史总有一天会记起他。经过百年的变迁，人们终于记起了他，而且给了他越来越公正的评价。这是历史的必然。

# 附录

## 年　谱

1818 年 4 月 11 日（清嘉庆二十三年三月初七）　郭嵩焘生于湖南湘阴县。

1835 年（道光十五年）　在湘阴仰高书院读书；结识左宗棠。

1836 年（道光十六年）　在岳麓书院读书；结识刘蓉、曾国藩、江忠源等。

1837 年（道光十七年）　乡试中举。

1838 年（道光十八年）　赴京会试不中。

1840 年（道光二十年）　二次赴京会试不中，应聘赴浙江入学政罗文俊幕。第一次鸦片战争爆发。

1842 年（道光二十二年）　返湘。

1843 年（道光二十三年）　在湖南辰州学馆教书。

1844 年（道光二十四年）　第三次赴京会试落第。

1847 年（道光二十七年）　入京会试，得中进士。

1848 年（道光二十八年）　在湘潭昭潭书院任主讲。

1850 年（道光三十年） 太平天国起义。

1852 年（咸丰二年） 与左宗棠同携家眷至玉池山梓木洞避太平军，劝左宗棠应湖南巡抚张亮基之请入其幕。至湘阴吊曾国藩母丧，力劝曾国藩出山，筹办湘军。

1853 年（咸丰三年） 为曾国藩筹饷。率乡勇援江西江忠源。与江忠源议论建造战船，练水兵事。援江西有功，授翰林院编修。

1854 年（咸丰四年） 继续为曾国藩筹饷。

1855～1856 年（咸丰五年～咸丰六年） 赴上海、苏州，与英国人接触。返湘。

1857 年（咸丰七年） 入京进翰林院，授编修。

1858 年（咸丰八年） 咸丰帝两次召见，准入南书房。

1859 年（咸丰九年） 随僧格林沁赴大沽筹办海防；奉诏赴烟台海口查办厘税事。以"查办贸易厘税不妥"，诏命交部议处。回京复命，复入南书房。

1860 年（咸丰十年） 奏请回乡就医，获准后回家乡闲居。

1862 年（同治元年） 新任江苏巡抚李鸿章奏保郭嵩焘为苏松粮道，得准，兼任苏松粮道

1863 年（同治二年） 兼任两淮盐运使，帮曾国藩筹建江南制造局。出任广东巡抚。

1865 年（同治四年） 与奉命进入广东作战的闽浙总督左宗

棠闹矛盾，遭左宗棠四次参劾。

1866年（同治五年） 因与太平军作战有功,诏赏二品顶戴。得解任上谕。卸任回长沙，过赋闲生活。

1874年（同治十三年） 被召入京，授福建布政使。

1875年（光绪元年） 被召入京，授兵部侍郎，在总理衙门行走，并命为出使英国钦差大臣。

1876年（光绪二年） 授礼部左侍郎。自京城启程赴英国任常驻公使。

1878年（光绪四年） 兼任驻法国公使。接召回上谕。

1879年（光绪五年） 接替者曾纪泽到达伦敦。郭嵩焘离伦敦回国。请病假，诏允乞休，再次赋闲。

1891年7月18日（光绪十七年六月十三日） 病逝。

# 主 要 著 作

**已刊印的有十九种：**

1.《会合联吟集》，咸丰七年（1857）养知书屋刊刻。

2.《湘阴郭氏家谱》，咸丰七年（1857）储芳堂刊刻。

3.《罗忠节公年谱》，为《罗忠节公遗集》附录，刊于同治二年（1863）。

4.《湖南褒忠录初稿》，同治十二年（1873）刊刻。

5.《使西纪程》，光绪三年（1877）同文馆刊刻。

6.《罪言存略》，光绪五年（1879）刊刻。

7.《禁烟公社条规》，光绪五年（1879）刊刻。

8.《湘阴县图志》，光绪六年（1880）湘阴县志局刊刻。

9.《湖南通志》，光绪十一年（1885）府学官尊经阁藏版。

10.《礼记郑注质疑》，光绪十六年（1890）长沙思贤讲舍刊刻。

11.《大学章句质疑》，光绪十六年（1890）长沙思贤讲舍刊刻。

12.《中庸章句质疑》，光绪十六年（1890）长沙思贤讲舍刊刻。

13.《校订朱子家礼》，光绪十七年（1891）长沙思贤讲舍刊刻。

14.《郭侍郎奏疏》，光绪十八年（1892）养知书屋刊刻。以此为基础，岳麓书社于1983年出版《郭嵩焘奏稿》。

15.《养知书屋文集》，光绪十八年（1892）养知书屋刊刻。

16.《养知书屋诗集》，光绪十八年（1892）养知书屋刊刻。以上述两种为基础，岳麓书社于1984年出版《郭嵩焘诗文集》。

17.《玉池老人自叙》，光绪十九年（1893）养知书屋刊刻。

18.《史记札记》，民国年间出版。郭嵩焘出使英国时作。

19.《郭嵩焘日记》（四册），湖南人民出版社于1980年至1983年陆续出版。

**未刊著作有：**

《山东税务奏议章程》《毛诗余义》《绥边征实》《周易释例》《思旧录》等。

# 参 考 书 目

1.《郭嵩焘日记》。

2.《郭嵩焘奏稿》。

3.《郭嵩焘诗文集》。

4. 曾永玲:《中国清代第一位驻外大使——郭嵩焘大传》,辽宁人民出版社,1989 年。

5. 汪祖荣:《走向世界的挫折——郭嵩焘与道咸同光时代》,中华书局,2006 年。

6. 张静:《郭嵩焘思想文化研究》,南开大学出版社,2001 年。

7. 萧一山:《曾国藩传》,海南出版社,2001 年。

8. 朱安东:《曾国藩传》,百花文艺出版社,2000 年。